养一个天才宝宝

让孩子赢在起跑点

李苏仁　陶红亮　◎主编

吉林科学技术出版社

图书在版编目（CIP）数据

让孩子赢在起跑点 / 李苏仁，陶红亮主编．—长春：吉林科学技术出版社，2008.9
ISBN 978-7-5384-3966-3

Ⅰ．让… Ⅱ．①李…②陶… Ⅲ．早期教育－研究
Ⅳ．G61

中国版本图书馆CIP数据核字（2008）第137249号

让孩子赢在起跑点

主　　编　李苏仁　陶红亮
编　　委　薛英祥　郝言言　薛翠萍　赵　艳　隋珂珂
　　　　　王　宇　宋　送　苏文涛　陈　振　黎　明
责任编辑　解春谊
封面设计　一行设计　于　通
插图设计　于　通　王　舒　王廷华　苏秀英　邹吉晨
　　　　　林　敏　刘亚超　李壮壮　王　平　梁　晶
出版发行　吉林科学技术出版社
印　　刷　长春新华印刷集团有限公司
版　　次　2009年1月第1版　2012年2月第3次印刷
规　　格　720mm×990mm
印　　张　12
字　　数　200千字
定　　价　19.90元
书　　号　ISBN 978-7-5384-3966-3
社　　址　长春市人民大街4646号
邮　　编　130021
传　　真　0431-85635185
发行部电话　0431-85677817　85635177　85651759　85651628
编辑部电话　0431-85635186
储运部电话　0431-84612872
网　　址　http://www.jlstp.com

前言

Qianyan

日本心理学家多湖辉曾经说过："在每个孩子身上都蕴藏着巨大的、不可估量的潜力，每个孩子都是天才，宇宙的潜能隐藏在每个孩子心中。"但为什么大多数孩子都智力水平一般，上学后也是成绩平平，最终也没取得理想的成绩考入大学。这说明孩子的潜能并没有被充分的发掘出来，智力水平也没有很好的被开发，致使孩子的潜能浪费。而孩子的潜能能否得到开发，关键是家长。有数据显示，80%的成功人士是从接受良好家庭教育启发成长起来的。成功的孩子无一不是得到了家长的助推和培养——那正是他们成功的秘诀之一。

而在培养孩子的道路上，0～6岁时期的教育又尤为重要。德国教育学家卡尔·威特曾经说过："对于孩于的成长来说，最重要的是教育而不是天赋！孩子最终成为天才还是庸才，不是由天赋的大小决定的，关键取决于从出生到五六岁时的教育。"

怎样才能培养出一个聪明伶俐、活泼健康、独立自主，且富有朝气的优秀孩子，是这本书的宗旨所在。本书全方位地介绍了0～6岁孩子的培养方法，从孩子呱呱坠地就应该对他进行智力、动作、感官、语言训练，让孩子智力和潜力充分发挥。随着孩子的成长，让孩子养成良好的性格和行为习惯，这是使孩子成功必不可少的重要条件。兴趣的培养更是家长不可忽略的重点，这是孩子能否健康全面发展的基础。此外，家长还要注重孩子与人相处、交流能力的培养，这是孩子将来顺利融入社会生活的必不可少的能力。总之，早教有助于孩子智力的开发和能力的发展，使孩子在最适当的时期学到应会的本领，从而开发孩子的潜能。衷心祝愿每个孩子都能在家长的培养和教育下聪明、健康、快乐的成长，成为国之栋梁。

contents

目录

part 1 早教的重要意义，教育要从孩子抓起

contents

目录

part 2 视觉和语言优先发展，开启孩子智慧之门

contents

目录

part 3 习惯的养成，习惯决定孩子的命运

contents 目录

contents
目录

part 5
情商和智商的培养，望子成龙下的成长期望

part 6
兴趣的培养，兴趣是最好的老师

contents

目录

contents

目录

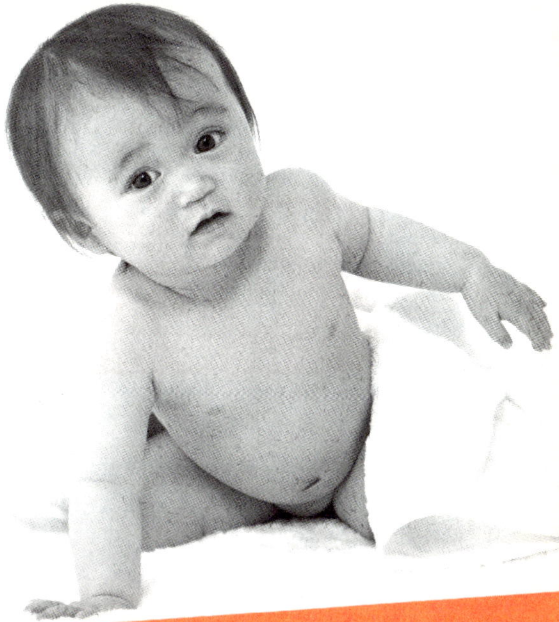

Part 1

早教的重要意义，教育要从孩子抓起

1 早教的重要意义，教育要从孩子抓起

教育研究表明，孩子从出生那一刻起，就对周围环境进行探索，在动作、语言和认知方面有着惊人的发展潜力。所以，家长要重视对孩子的早期教育，尽早开发训练孩子的各方面能力，不能错过孩子智力和能力发展的关键时期。

No.1 早期教育的作用

霍华德 · 加德纳（Howard Gardner）：世界著名发展和认知心理学家，“多元智能理论”创始人。现任美国哈佛大学教育研究生院认知和教育学教授，心理学教授。加德纳教授曾说：“教育的基础主要是在 5 岁以前奠定的，它占整个教育过程的 90%。在这之后，教育还要继续进行，人进一步成长、开花、结果，而精心培植的花朵在 5 岁以前就已绽蕾。”这明确揭示出早期教育对孩子智力发展和一生教育的极端重要性。

1～3 岁称为幼儿期，这一时期是儿童智力快速发展时期，是形成孩子的特殊才能的时候，也是品质和个性开始形成的重要时期。幼儿期智力的发展、个性的形成为孩子以后发展奠定基础，家长要重视孩子的早期教育，让孩子赢在起跑点。

早期教育，强调一个“早”字。只要对孩子发育有益的早期教育都可以早早起步。如果家长能够适时合理地给予孩子早期教育和训练，就能促进孩子大脑的健康发育，也为孩子以后智力发展打下了坚实的基础，同时能快速提高孩子的智力水平。

反之，这个时期如果缺乏科学适时的早教，或受到不良的教育，即使孩子具有很好的先天条件，也有损其大脑的健康发育，甚至造成难以弥补的损失。因此，越早进行早教对孩子越好。

一位妈妈这样介绍自己的早教经验：

有句话是“笨鸟先飞”，虽然我们的贝贝不笨，但是也要早一点开始学东西，这对她确实有好处。在贝贝两岁的时候，我教她背一些简单的诗，这样不但让孩子记住，还教了孩子学话，丰富了孩子的词汇，可以增加孩子的识字能力。当然孩子还小，不可能理解太多的意思，就让她背一些简单的诗。如果孩子会背了，就要求孩子经常重复记忆地背，如果背完就不管了，这样孩子会很快遗忘。虽然女儿年纪小，但通过背诵简单的诗就能认好多的字，不过都应该根据她的兴趣去学习，我们只是在一旁引导孩子学习，并不强迫她去学，这样孩子学得进去，还高兴去学，我们要做的就是当孩子做的非常好的情况下，毫不吝啬给予夸奖和掌声。

早教有助于促进孩子大脑的发育和智力发展

0～3岁时期，是儿童大脑发育的黄金时期，这个时期对孩子来说，真是一刻千金。大脑发育有如逆水行舟，不进则退。抓紧这个时期进行早期教育，能帮助儿童快速建立复杂的神经网络，促进大脑的发育和智力发展，否则脑细胞就会有所枯萎，妨碍复杂神经网络的形成。

有专家指出：“婴儿出生后的头几个月，有一种天生的、内在的好奇心，如果不及时给以刺激，求知欲会被压抑，使学习的兴趣逐渐退化。错过这一时期，接受事物就要花费很大的精力。”

早教有助于促进孩子潜力的开发

20世纪后期，各国的科学家、教育家对人脑的潜力和早教进行了研究，证明每个人大脑都有巨大的潜力有待开发，多数儿童都有成为天才神童的可能。一个人能否成为神童，应归咎于有没有受到合理的早期教育。

智力早期没有得到很好的开发，脑细胞得不到充分刺激就会枯萎，他的发展潜力就磨灭了。德国“神童”卡尔·威特的父亲认为：“早期教育与其说给孩子许多东西，倒不如说是不让孩子失去许多东西更为恰当。”

早教有助于孩子学习能力的培养

研究人员在训练动物掌握特殊技能时发现，在某一年龄阶段对某一刺激的接受，应都比其他年龄容易，于是人们称这个年龄为“敏感时期”。过了敏感期的年龄阶段学习起来会迟缓。

孩子早期，大脑就像一张白纸，很容易接受教育，而且记忆力极强。抓住这一时间，进行良好的教育就很容易在儿童的大脑中印上良好的模式。这比入学以后的教育更深刻。

早教有助于培养孩子的语言能力

日本儿童教育界专家井深大提倡，早期教育从婴儿生下后就应该进行。如在语言方面，主张日本儿童在开始学习母语的同时就应开始学习外语，这样可以事半功倍。

如果开始大脑里只固化一种语言，以后再学习另一种语言，就无法以完整的形式吸收，学起来很费力。比如说，一个孩子学会了方言再学普通话，就会有很多干扰，而如果一开始就让他学讲普通话，则会既学得快，又讲得好。

所以，父母一定要掌握一些早期教育的知识，对孩子进行有计划、有步骤的培养教育，使孩子的智力、思想、心理素质不断发展，逐步培养孩子具备刚毅、正直、纯朴、坚定的精神，聪慧敏捷的思维能力，高尚的道德情操，使之从各方面均衡地发展，为孩子辉煌的未来奠定基础。

小贴士

对孩子进行早期教育，要根据孩子不同的年龄阶段及其特点进行，这样才能做到科学早教。可以带孩子亲近自然，让孩子了解各种各样的事物，启发孩子的好奇心，这样他小小的好奇心就能激励他学习更多的东西。

No.2 早期教育的特点与方法

日本七田真的智力发展学说认为，孩子的智力发展犹如一个等腰三角形，在0岁时发展最快，就像是三角形的底，8岁时就到了三角形的顶端，智力再也不能发展。8岁以后，孩子只能增长知识和技能了。早期教育是人类智力开发的最佳时期，如果丧失了这一早期教育的机会，对孩子的终身发展将产生很大的负面影响。

早期教育要考虑到孩子的特点，方式方法要得当。应注重培养他们对知识的学习兴趣，让他们被动学习变成主动学习。还应注意培养他们的语言、观察能力、形象思维能力以及良好的学习习惯。这些往往比知识更为重要。

那么，怎样对孩子进行早期教育呢？早期教育要充分考虑孩子的特点，注重方法。早期教育是一门“艺术”，既不能给孩子造成负担和压力，又要给孩子提供兴趣和知识，在快乐中学习。

早期教育有以下特点：

早期教育要适度

大量研究表明，婴儿时期已经具有强大的学习能力，而且教育方式得当可以让孩子更早的认字识数、背诵古诗词，但是孩子各方面发育还不是很成熟，不能用强度过大的办法来进行训练。家长对孩子进行的早期教育要有科学依据，还要方法得当，这样才能收到事半功倍的效果。因此，早期教育学什么？怎么学？什么时候开始？应遵循孩子的心理和生理发展的客观规律，从孩子的实际出发，因材施教科学进行。

从兴趣出发，让孩子主动地学习

兴趣能促使一个人主动学习知识，人有了兴趣学习才会持久。好奇心是孩子的天性，是孩子智慧的火花，要珍惜和培养它，孩子的智力是经过产生好奇——学习知识——得到满足——进而又引发好奇这一循环过程中发展起来的。

孩子年龄虽小，但是他们也有自己的兴趣爱好，有自己的思想。他们来到这个新奇的世界不久，对什么都好奇，理解世界的方法也不同于家长的视角。因此，家长们不要急于把自己的想法、愿望强加给孩子，应当给孩子自由想像、探索的空间和创造的自由。

注重家庭氛围和教育环境

婴幼儿时期是一个人的大脑和心理迅速发展的阶段，孩子在这个时期的学习潜力和可塑性比较大。研究表明，人的大脑和神经系统通过不断地学习和日常生活逐步的发育和成熟起来。因此，良好的教育氛围和家庭环境就成为孩子必不可少的条件，也是发展孩子智力的有利因素。

根据孩子的发育程度进行早教

孩子的发展是身体成长和不断学习两方面相互影响的结果。但如果孩子还没有达到智力相应成熟阶段，就拔高学习内容，也不会得到预期的效果。举一个简单的例子，如果家长非要让一个视觉器官和身体其他部位尚未发育完全的婴儿识字，结果只能是拔苗助长。而且这种超过孩子身心发展规律的强制性学习，对孩子不但没有益处，反而变成一种巨大的伤害。因为，它不仅会使孩子的身心负担过重，同时，这种由外界强行训练的方法，只能锻炼孩子的机械记忆，不可能使孩子变聪明而达到早教目的，结果抑制孩子的兴趣和好奇心，直接影响他今后性格的形成和学习能力的培养。

所以，在一定时期内，孩子学习什么，从何开始，都要以他发育程度为条件。如果学习的要求与孩子相应的发育程度相距太远，则不是徒劳无功，就是拔苗助长。可见，早期教育应根据孩子的发育程度进行。

小贴士

父母可以把新生儿安排在宽敞明亮的房间，孩子视力所及的地方要有鲜艳的物品，不要让孩子避开人的声音，而且要经常给孩子听舒缓的音乐。让孩子闻各种的气味，品尝酸甜苦辣的滋味，这样有助于锻炼孩子的嗅觉和味觉。家长要经常抱孩子，并有意识地用软、硬等不同材质的东西触碰孩子，锻炼他的触觉。

No.3 正确认识胎教

胎教是指在怀孕期间对胎儿进行的一种教育，也是现代优生优育的方法之一。属于胎儿出生前心理学研究的范畴，就是通过给胎儿一些外界刺激，使胎儿建立起条件反射。但由于人们对胎教的认识不同，难免会产生一些误区，让我们来看一下家长们对胎教都有那些误区。

误区一：胎教对胎儿没用

以前人们对胎儿和新生儿的能力有着很大的误解，普遍认为胎儿和新生儿的大脑尚未成熟，无法发挥思考和记忆这些高难度的功能；有人根本不相信胎教对孩子会有什么作用，认为胎儿根本就不可能接受教育。这是因为，这些人还不了解胎儿的发育情况，不了解胎儿的能力。美国 0 岁教育权威巴顿・怀特也认为“新生儿不具备思考能力”。

但据大量研究表明，5 个月的胎儿就已经有能力接受教育了。这里所说的教育，不同于出生后的教育，主要是对胎儿 6 种感功能的感知训练，即皮肤的感觉；鼻子的嗅觉；耳的听觉；眼的视觉；古的味觉和躯体的运动觉。哈佛大学的贝里 ・ 柏拉泽尔顿更指出，新生儿是天才。

撰写《记忆诞生的孩子们》的大卫 ・ 契柏雷说：“这个世纪是新生儿的世纪”。不仅如此，至今他甚至认为胎儿是天才。也就是说，在思考育儿问题时，也必须将胎教纳入范围中。如今科学观察已经十分清楚，胎儿在母体中，心理已经发生作用，智能和记忆就已经有了功能，性格的形成也从母体内开始，语言的学习也从胎儿开始。

胎儿并不是没有心理和没有感觉、智能、记忆及感情的生命体，因此育儿应该从胎教开始。胎教的目的，不是教胎儿唱歌、识字、算算术，而是通过各种适当的、合理的信息刺激，促进胎儿各种功能的成熟发育，为出生以后的早期教育即认知学习打下良好的基础。这样来理解胎教，您是不是认为胎儿有能力接受呢?

还有一些人认为，经过胎教的孩子，也不一定个个都是神童。是的，似乎这种说法不无道理。但这里有个前提概念应理清，这就是我们提倡胎教，并不是因为胎教可以培养神童，而是因为胎教可以尽早地发掘个体的素质潜能，让每一个胎儿的先天遗传能够获得最好的发挥。如果把先前的胎教和出生后的早期教育结合起来，我们相信，今后会有更聪明的孩子，达到目前人们所理解的神童的程度。

也许有人会说，以前并没有搞胎教，不也照样出科学家和伟人吗?科学不是也在不断进步吗?也不错，但要知道，许多事实还证明，科学家和伟人的成长过程中，都具备了没有被当时人们所意识到的胎教和早教因素。如果人们能够早一点接触胎教，世界的科学水平会比现在更先进。

胎教在我国有着悠久的历史，许多古代著作里已涉及了胎教内容。最早对胎教论述的是西汉杰出青年政治家、文学家和思想家贾谊。古人对胎教的论述指的是：胎儿在母体内能感受到各方面的感化，母体在怀胎期间在精神、饮食、生活起居等方面采取有利措施，可使母子身心得到健康发展。

误区二：胎教能培养神童

如果经常给胎儿听轻松优美的音乐，孩子在未来就可能成为音乐家。有人说，孩子经过胎教训练，听觉灵敏、反应灵活、发音较早、爱好音乐……他们还举出一些例子，如一位身为医生的丈夫，当妻子怀孕后就精心进行胎教。孩子出生以后，又进行超常教育。结果孩子很小就考入了某某大学少年班。这是对胎教认识的另一种极端，带有明显的盲目色彩。

现在早期教育广泛被家长们认同，人们越来越重视孩子的早期教育对智力开发的重要性，所以家长们希望利用胎教，对胎儿进行提前开发，这是可以的。但有些所谓的专家鼓吹胎儿听了某些磁带，将来能成为"天才"、"神童"就是太离谱了。

胎教并不等于提前进行正规学习，也不是给腹中的孩子传授什么前沿知识，或提前教会他们什么实用技能，而是要胎儿感受妈妈的开心与悲伤，对孩子进行母子情感沟通。妈妈的喜怒哀乐能刺激胎儿大脑发育。利用胎儿的感觉对他进行多方面的刺激，就有助于胎儿大脑发育。所以，家长对胎教应抱正确的心态，既不要对它有不切实际的幻想，也不要放弃早期刺激对孩子发育的作用。

那么，什么是正确的科学的胎教？

胎儿 3 个月的时候，皮肤已经有压觉和触觉了；4 个月的时候有冷觉和听觉；5 个月的时候有温热觉和味觉；6 个月时的听力几乎与成人相等；7 个月的时候有了嗅觉，而且对痛觉已十分敏感。胎儿的视觉发育较晚，8 个月的胎儿才能够凝视光源。胎儿的能力是惊人的，从 2 个月起胎儿就可以在子宫里做动作，胎儿有习惯也有情绪，更惊人的是胎儿还有记忆，他会对重复的信息刺激产生固定的条件反射，这就是胎儿的记忆。

科学的胎教是指孕妇在充足的营养和休息的前提下，从胎龄 5 个月开始，对胎儿实施定期和定时的声音和触摸刺激，如听一些优美、柔和的音乐。平时可做些适宜孕妇的运动锻炼身体，也可经常轻拍孕妇的腹部，与胎儿轻轻对话，这样可以使胎儿感受到来自妈妈的抚爱，日积月累，他就会对父母的声音产生记忆，这也是父母与胎儿培养感情的重要方式。

应该尽量避免大强度的、高频率的声音及强烈的光线刺激。因此，父母经常吵架或者生活环境嘈杂、噪声太大，对胎儿的生长、发育都是不利的。这又从另一方面表明，胎教是可行的。

小贴士

要想生育一个健康聪明的孩子，母亲的身体素质是优生的前提条件，所以孕妇应尽量保持良好的健康状况，有病及早诊疗，并使自己身体都能得到全方位的调养。这样才能生育出健康聪明的宝宝。

No.4 早期教育能使孩子更聪明

玛丽亚·蒙台梭利是20世纪享誉全球的幼儿教育家。她的教育法的特点就在于十分重视儿童的早期教育，她曾说过："儿童的任何才能都不是与生俱来、生而有之的。后天的积极培养和科学指导才是挖掘儿童才能潜能的最有力的方式。"

遗传是影响孩子智商的重要因素，但早期教育的作用更重要。尤其是在孩子大脑的发育阶段，父母的培养，哪怕只是玩捉迷藏等简单的游戏，都有促进孩子智力发育的作用。

心理学家的一项长期研究对此提供了有力证据。他们把一批贫困家庭的4个月婴儿分成两组：一组送进教育中心，那里有老师教他们做游戏和唱歌；另一组不进行早期教育，只给他们提供足够的营养。到学龄前期，第一组儿童的智商比第二组高10～20分。到15岁时，第一组孩子的语文成绩和数学成绩均高于第二组。

为什么会有这样的差别呢？心理学家解释说："是早期教育促进了大脑发育。婴儿出生时便有几十亿个脑细胞，称为神经元。有的神经元在孩子出世前就已经彼此相连，调节心跳、呼吸等基本生理活动。其余神经元则在后天刺激后才能相通。"

孩子发育时，神经元形成的突起为彼此的联系建立了通道。例如，眼部神经元的突起延及大脑视觉皮质，可"翻译"眼之所见，并经其他神经元突起的联系，指挥人对所见之事物作出反应。这类经历每重复一次，神经元之间的联系就被加强和巩固一次。

婴儿0～2岁时，脑细胞发育迅速，神经元联系剧增。到2岁时，脑细胞之间已有300多万亿条联系。同时，未彼此连接、未经使用的脑细胞则被"废弃"。

婴儿2岁以前错失了某些脑细胞发育的机会，是否会有智力障碍呢？不会，因为脑细胞联系的建立在整个儿童期，而且有大量的机会促进它。父母在整个儿童期对孩子智力的开发，都会是有成效的。

那么，家长怎样对孩子进行早教，才能使孩子更聪明？

多和孩子说话

语言是提高孩子认知能力的重要因素。家长的话越多，孩子就越聪明。这是因为孩子在正确而有教育意义的谈话之后，他的大脑就受到刺激，从而得到发展，最终走向成熟。

教育心理学曾解释，在孩子一出世，大脑就存有上亿个细胞，它们被联系起来，形成一个高效运转的体系。但是这种联系只是一种潜在的东西，实际上，只有当一个神经细胞被触发时，它才会发出信号并传给邻近的细胞。因此，每当家长和孩子相互交流时，孩子大脑中就触发了一个化学和信号，这个又传给邻近的细胞，产生连锁反应。所以说，家长说的每一句话、做的每一件事、每一次对孩了的关怀和爱，都有助于起到这种联系作用，每一个新的联系都可以增加孩子的大脑发育。

鼓励孩子独立思考

家长常对聪明有一种错误的认识，认为知识丰富就是聪明，其实聪明归根结底应该是对所学知识的应用能力。若只是把孩子的头脑中装满了知识，而不教他怎样应用，这并不能说明他聪明。

怎样才能使你的孩子学会独立思考呢？家长不要仅仅告诉孩子去思考，而要引导孩子怎样去思考。如你正在和孩子一起看动画片，可以问问孩子他是如何看待正在播出的动画片：谁是故事的主角，他的朋友是谁，敌人是谁，他们在做什么，喜欢谁，为什么？

如果他不能清楚的回答，家长要根据正确的观念、思维来引导孩子、教育孩子。像这种思考，对孩子来说很有帮助的，如果孩了经常进行独立思考，那么就会对锻炼他的观察力、创造力，以及独立解决问题的能力，对孩子将来的发展是好处多多。

要让孩子动脑筋想办法

育儿专家建议，要鼓励孩子提问题，要培养孩子自己解决问题的能力。经常问孩子问题，跟孩子一起思考问题，引导他用创造性的方法去解决，让他在思想的碰撞中发展解决问题的能力。

比如他的变形金刚坏了，问问孩子知不知道为什么坏了？是没电了，还是某个零件坏了，然后把孩子的大脑思维转向如何发现问题解决问题上，比如问孩子“我们该怎样处理这个问题呢？”“用你的双手怎样去解决问题呢？”这就给孩子提供了一个思维的机会。

对于做错事的孩子，让他想想为什么做错了。如果家长总是简单地对孩子说“这样不对，那样不行”等，孩子很难理解，而且很容易塑成孩子无所适从、优柔寡断的终生性格。所以，要引导孩子去思考，试着问他“你能不能想想为什么你这样做不对？”“怎样做才是对的？”甚至启发鼓励他：“昨天你那么做不是很好吗？”

不要责骂孩子

孩子害怕、畏惧心理的产生，是由于家长的责骂、肉体惩罚及长期的管制而造成的。大脑的发育需要许多宽容和爱，孩子在正确的、没有压力和安定的环境中，才能学得更快，记得更牢。

不过，这并不意味着让家长任何时候都不要干涉孩子，家长应该有正确的干涉方法。如果你的孩子把盘子和碗乱放在地上时，不要对孩子大声喊叫“不许这样”，而是对他说：“那个盘子喜欢呆在碗橱里，不然，你看它要哭了。他可能就知道对与错，也知道该怎么做了。正确的和错误的干涉方法的区别，就是如此简单。

在孩子玩的时候，不要立刻阻止孩子的“越轨”行为

孩子们可以在特定环境中去探索、发现世界，学习知识。玩具就可以起到一定的作用。摆积木时，若用手去猛推，就会全部倒塌；用东西敲盘子，

会发出噪声。这些都会刺激孩子的大脑，因此家长不要一看到孩子有这样的行为就马上制止，而是要和孩子交流一下他为什么这样做。但是不要过分要求孩子集中注意力。如果孩子转移了注意力，这说明他已经厌烦了。如果继续进行刺激，实际上起不到想要的效果，反而会削弱孩子的学习兴趣。当孩子表示出厌倦时，就要马上停下来。一个聪明的家长，就应该了解、知道自己孩子的这种特殊语言。

小贴士

早期教育不是一件容易的事，最主要的就是家长的细心程度和耐心还有家长的正确早教的知识。要想让孩子更聪明，首先就是保持孩子的健康的心态。健康是以后教育中的基础，接下来就是从训练孩子的五官（口、耳、鼻、舌、身）和促进大脑发育。五官是人们感知世界的生理基础，充分刺激感官有助于加速大脑积极活动，如果大脑各功能区都发挥了作用，孩子便会更聪明。

No.5 良好的家庭环境有助于孩子成长

著名文学家老舍曾饱含深情地说："从私塾到小学到中学，我经过起码有百位老师吧，其中有给我很大影响的，也有毫无影响的。但是我的真正老师，把性格传给我的是我的母亲，母亲并不识字，她给我的是生命的教育。"可见父母在孩子心目中的地位。

家庭是幼儿人格成长的摇篮，家庭是孩子安身的第一个环境，家庭环境会给孩子人格的形成打下难以磨灭的烙印。父母是孩子的第一位老师，也是孩子的终身教授，为孩子营造一个温暖和谐的家庭氛围，对孩子来说将会是终身受益。

俗话说，"近朱者赤，近墨者黑"，说明环境对人影响的作用多么重要，这种影响可能是积极也可能是消极的。家庭环境的好坏也对孩子的身心发展有着重要的影响。所以，父母要努力创造良好的家庭环境，为孩子健康成长提供的基本保证。那么，家长怎样给孩子一个良好的家庭环境呢？

为孩子提供良好成长的大环境

家长之间的和睦温馨、人与自然的和谐安宁，可以让孩子感受到人间真爱，自然的博大，纯真的魅力，有助于塑造孩子美好的心灵和良好的心境，引导孩子心理健康发展。

家长要珍惜孩子的好奇心和求知欲，激发孩子的学习兴趣；鼓励孩子探索释疑，培养孩子的学习能力和思考能力；赏识孩子的探究成果，增强孩子的自信，鞭策孩子持之以恒，磨砺孩子的意志。

家长要遵纪守法，明礼诚信，热情开朗，这有助于孩子培养正确的行为习惯，建立良好的人际关系，形成乐观的态度和积极向上的人生观。

为孩子树立好成长的榜样

家庭教育是一种生活教育，是在家庭日常生活之中对孩子产生潜移默化的影响。孩子的模仿力、可塑性极强，父母是孩子首先学习的对象。父母生活的态度、思想观念和文化素质时刻影响着孩子，孩子的言行举止真实地体现父母教子的态度，“孩子是父母的镜子”。这是通过父母在日常生活中对孩子的言传身教、耳濡目染而实现的。

因此，为人父母，如果希望自己的孩子品德高尚，自己就不要做违背道德准则的事；如果希望孩子尊重师长，自己首先必须尊重他人、孝敬老人；如果希望孩子有责任心，自己应当对家庭负责、对孩子负责；如果希望孩子好学上进，自己就应该提高自身素质，注重知识的学习积累和更新；如果希望孩子守秩序、守规则，自己就不要闯红灯、跨栏杆。优秀的父母都是以自身开朗豁达的个性、民主平等的作风去影响孩子，在言行上做孩子的好榜样，从生活中培养孩子好习惯，从启发中引导孩子学会宽容他人、感谢生活和珍惜幸福。

为孩子创造良好的家庭氛围

家庭氛围对于培养孩子优秀的性格，塑造健康的心态等方面有着不可忽视的作用。因此，家长要给孩子创造良好的家庭氛围。

1. 孩子需要宽敞的活动空间

目前，虽然我国大多数家庭的住房普遍不宽敞，但室内是否显得宽敞，并不完全取决于住房面积的大小。同样面积的住房，安排得井井有条，可以显得宽敞；若被杂乱的家具、花哨的点缀、散乱的杂物挤占，就会给人一种透不过气来的感觉。儿童心理专家曾提醒家长朋友：家庭空间的局促狭窄，可能导致孩子心理上产生一种压抑感。而且，花哨杂乱的摆设还会引起孩子心情浮躁，进而妨碍其性格的正常发展。所以，宁可少购置家具物品，少摆设一些装饰品，尽量给孩子一个简洁大方的环境，多给孩子留一些活动空间。

2. 保持家庭整洁，使孩子从小养成讲卫生的好习惯

家庭环境是否整洁，对孩子的影响是很大的。整洁的环境会使孩子感到心情愉快，同时还有利于他们从小养成讲卫生的良好习惯。相反，污浊杂乱的环境，不仅使孩子心情烦躁、抑郁，更严重的是，容易让孩子养成松懈、懒散、做事没有条理的不良习惯。因此，家长应当特别注意室内的整洁，东西放置有条理。

给孩子创造一个良好的学习环境

家庭不只是休息的场所，也是孩子学习的主要场所之一。所以，家长要把孩子的家庭环境布置成学习环境，有条件的话，尽量给孩子安排单独学习、休息的房间，以免电视声、会客声干扰孩了。孩子的房间布置要整齐，要有美感，房间的色彩、窗帘的色彩要符合孩子年龄的特点，选择适合孩子身材的桌椅，灯光要柔和。家庭书架是必不可少的，即使有些书籍孩子一时看不懂，但在整齐的书籍面前，在浓浓的书香氛围中，极有利于孩子热爱学习，追求知识。

小贴士

让孩子生活在鼓励中，他将学会自信；让孩子生活在赞美中，他将学会欣赏；让孩子生活在公平里，他将学会处事公正；让孩子生活在安全感里，他将学到信心；让孩子生活在肯定中，他将学会自爱；让孩子生活在被接纳和友谊中，他将学会喜爱这个世界。

No.6 天才取决于后天的教育

对教育富有独特见解的卡尔·威特是德国的一位牧师。他认为天才取决于后天的教育，孩子的教育必须与孩子的智力曙光同时开始，并用自己的理论印证于儿子小卡尔·威特，使之成为传奇般的天才。卡尔·威特就主张“天才取决于后天的教育”。

天才儿童的出现让我们坚定了一个信念，即早期教育可以造就天才。伟大的学者爱尔维修曾说：“即使是普通的孩子，只要教育得法，也会成为不平凡的人。”但家长们应该清楚的是，并不是将所有知识无规律填鸭式地灌输给儿童，就是早教，就可以造就天才，只有那些有着科学依据的早期教育，才能真正开启孩子的智力之门。

因此，家长在对孩子进行早期教育时要明白：

早期教育和生长环境造就天才儿童

天才儿童不是天生的，是早期教育和生长环境影响的结果。可以说早期教育决定着孩子终身成就的大小。天才儿童的成长经历一再证明，家长只要注重早期教育，注意孩子潜力的发掘，就有希望将自己的孩子培养成音乐家、画家、科学家等。

强调早期教育的并不代表忽视遗传因素，但遗传并不能决定孩子的命运，即使孩子们没有我们所期望的聪明，为人父母者也要树立坚定的信念，因为遗传不能决定一切，一定要坚信“所有的孩子都有可能成为天才”。

入学前的家庭教育更重要

学校不是万能的，孩子走进学校前的教育才是孩子受教育的最重要部分。不可否认，现在的学校都有先进的教学仪器和优秀的教师，这是教育事业的重大进步。但这一切也造成了家长们对学校的依赖，许多家长想把自己的孩子完全推给学校教育管理，好为自己的生活减少麻烦，却不知道这样做是忽略了极为重要的家庭教育，这将给孩子的一生造成无法弥补的损失。

不论学校有多么好的教师，对孩子潜能的开发都不会有多大的效果。因为学校教学机制是考考考与分分分，而目的是使之考进重点中学、重点大学，而不是培养一个全面发展型的人才。

其实孩子的人生在他入学前就差不多定型了，因为孩子在入学前所受到的教育已经对他的性格产生了决定性的影响。所以，那些在上学前没能受到良好家庭教育的孩子，即使在学校里接受专业教师的强化教育，也难以取得令人满意的全方面的发展。这样的事例不胜枚举，相信就在我们每个人的身边。

早期教育没有固定的方法模式

早期教育没有固定的方法模式，但也并不是说无章可循。家长在教育孩子的时候至少要把握好以下两点教育方法，以便更有效地进行家庭教育：

1. 遵循儿童天性，激发孩子的兴趣

采取启发、诱导的方法，在游戏玩耍中开启儿童的智慧是最有效的，比如进行各种童趣游戏、满足孩子的好奇心、讲故事等等。

2. 早期教育真的能造就人才，但是徒有形式的早期教育是毫无用处的

所谓徒有形式，不只在于什么形式，更在于内容，比如把成人学习的知识范畴硬性嫁接给儿童，学习方法也是死记硬背的注入式，这些都不仅不能育儿成才，还必定毁儿一生。因此，渴望孩子成功的父母，为此必须付出极大的努力，不能只追求徒有其表的形式。其实，早教随时随地都可以进行。

重视孩子的个性

孩子不是玩具，有着自己的思维方式和处事能力。很多家长都没有意识到这一点，他们把孩子当作比玩具更好玩的东西，一味溺爱，根本没把心思放在孩子的能力培养上，这太有碍孩子的健康发展了。

家长们应该记住，孩子的能力真的远远超出我们的想像。很多实验已证明了这点。当然教育幼小的孩子要注意方法，因为孩子从不接受不能让他们感兴趣的东西，这与教育年龄较大的孩子是迥然不同的。

大多数人以为早期教育就是教孩子读书识字，其实这是一种误解，我们很早就教孩子们读写，目的是为了开发他们的语言和听说能力。我们要选择孩子喜欢的方式进行教育，否则就无法收到良好的效果。

授之以鱼不如授之以渔

早期教育不应该是向孩子灌输知识的简单过程，而是在向孩子传输知识的同时，让孩子逐步掌握获取、发现知识的方法。例如，一味地教孩子识字，还不如让孩子掌握查字典的技巧。当然，这样做的前提是孩子得具备一定的文字知识。

天才穆勒就接受过这样的早期教育，他曾在《自传》中写道：

父亲对我的早期教育有太多的过人之处、他从不强迫我学，但许多与我同龄的孩子却受到了填鸭式的灌输教育，最后他们的潜能根本没有得到丝毫发展，他们对世界的看法和理解都是由外力填充而成的，所以他们成人后毫无自己的独立见解……

我父亲从来不这么做，我们在一块散步时，他从不在前边牵着我走，而是让我与他并列而行，并尽可能地把我推到前面。对于那些一想就懂的问题，他绝不会先告诉我答案，而是让我自己思考，只有当我挠破头皮也想不明白时，他才会替我解答。

家长们，获取知识对孩子来说固然重要，但获取知识的方法和善于思考的能力才是孩子一生中最大的财富！

早期教育要戒骄戒躁、锲而不舍

天才儿童既然是早期教育的结果，一旦停止早期教育，天才亦会变成庸才。这难道不是一件令家长们悲哀的事吗？这种现象的产生主要有两方面的原因：

①父母以自己孩子一段时间内的出色表现为荣，认为他会一直坚持下去，不知不觉中就放松了对孩子的要求。

②孩子觉得自己优于同龄儿童，骄傲自满，以致放弃继续努力。

因此，在培育天才儿童的过程中，如何防止自己及孩子的骄傲自满情绪的滋生是十分关键的。否则，早期教育就会半途而废。

小贴士

每个孩子都有无限的天才潜能，但却需要有心的家长用一双慧眼去发现，用一片爱心去培育；需要有意识地“夸”，需要有系统地“管”。让孩子体会到父母的信任与期望，给孩子自信与鼓励，是孩子一辈子也受用不完的宝藏。

No.7 告诉你的孩子“你真棒！”

日本教育家铃木镇一认为：“对于孩子的教育，父母首先要以爱心和热情去努力培养他各方面的能力，要鼓励和赏识他，而不是一味地用责备和打击逼迫他们去听话，因为在威逼和恐惧中长大的孩子只能变成怯弱和虚伪的人！”伟大的科学家爱因斯坦也说过：“最重要的教育方法就是鼓励孩子去实际行动。”

一位爸爸谈到自己教训孩子时说：“孩子连简单的题目都做不对，错得多了，我就忍不住要发脾气，数落他几句：‘这么简单的题都不会做，怎么学的啊，真是笨死了。’没想到他还觉得挺委屈，不服气。”

不少家长遇到这种问题时都束手无策，不知如何应对。

其实孩子也很委屈，因为他觉得不能仅凭几道题，爸爸妈妈就说他笨。

孩子在心里会这样想：爸爸看到我作业本上的错题，就老说我笨，其实我觉得自己一点也不笨。好多同学比我错的还多。为什么爸爸老说我笨呢？是不是他不喜欢我了。我听了爸爸说我，心里特别委屈，一点学习的精神也提不起来了。难道我真的很笨吗？

家长也许不知道，孩子的笨是家长骂出来的，家长总说孩子笨，他就真的觉得自己比别人笨，时间长了他也就没有前进的动力了，“反正很笨，怎么努力也不会聪明的。”孩子就会这样想，而且还为孩子不努力找到了合适的借口。结果就造成了越骂越笨的状况。这就是语言的力量。

所以，家长不如换个方法，告诉孩子你真棒！曾经有这样一个故事：

一位母亲在参加儿子的家长会的时候，被老师点名批评说：“这次考试，你的儿子在全班 60 名同学中，排在 57 名，我们怀疑他智商有问题，您最好能带他去医院检查一下。”

在回去的路上，这位母亲禁不住流下了失望的眼泪。但是她没有责怪自己的儿子，只是说：“好儿子，你这次虽然考的不理想，但是你的老师对你充满了信心，老师说你并不是个笨孩子，只要细心，你肯定能超过你的同桌的。妈妈相信你是最棒的！”

自那次家长会后，这个孩子上课认真听讲，放学后认真写作业，在下次的考试时，居然真的超过了他的同桌。他后来和妈妈说：“您说过，我是最棒的，您的儿子没让您失望吧！我就是最棒的！”

这个故事说明，妈妈的欣赏和鼓励，让孩子重新鼓起了前进的勇气。所以，对于后进的孩子，我们作家长的更应该懂得赏识孩子，鼓励孩子。有些家长，往往一方面对自己的孩子期望很高，望子成龙；另一方面，对孩子的表现又过于挑剔和苛求，容不得孩子有一点错，结果孩子在父母的眼里，永远扮演不合格的角色。

有的家长说：我的孩子有很多缺点，没有什么优点，怎么去欣赏他？殊不知，这种想法极有可能扼杀孩子的自信心。不妨这样一试，当孩子做的很好的时候，我们去表扬他；当孩子遇到失败时，我们也要表扬鼓励他：“没关系，妈妈相信你是最棒的！加油啊！”

那么，家长要怎样鼓励孩子，对他说“你真棒”？

及时鼓励孩子不断进步

朱永新在《新教育之梦》中说："理想的父母是永不对孩子失望，决不吝啬自己的表扬和鼓励，决不使用侮辱性批评的父母。"明智的父母应该重视孩子的每一个进步，及时鼓励孩子。日本和田加津也曾说过："作为母亲，我改变了过去一见孩子就批评、申斥的做法，经常鼓励、赞许孩子，"好样的，干得不错！"这应该是每一个父母懂得的教育规则。"

鼓励让孩子快乐地学习

"快乐教育"创始人斯宾塞认为，教育孩子应该以鼓励为主，不要随意指责孩子。斯宾塞给儿子买了一架脚踏风琴，希望儿子学习音乐。当风琴运来后，他对儿子说："这是一架魔力风琴，只要你不断用脚踩踏板，同时用手按上面的黑白琴键，它就会唱歌。如果你懂得了由7个数字组成的魔法，它就会唱出美妙的歌来。"这些话对小斯宾塞起了很神奇的作用。风琴刚安好，他就迫不及待地坐了上去，并且按出各种高低不同的音律，快乐得不得了。

后来，在斯宾塞不在的时候，家里的仆人总是指责小斯宾塞："你可能在音乐上没有一点天赋。""一支简单的曲子，你学了100遍还不会……"小斯宾塞很快就对风琴失去了兴趣。斯宾塞了解到这个情况后，对仆人说："不要因为不恰当的方法扼杀了孩子的天赋。如果弹风琴变成了一件紧张而痛苦的事情，那么音乐是学不好的。"

于是，斯宾塞微笑着对儿子说："亲爱的，我特别喜欢你弹的那首小曲子，叫什么来着？"小斯宾塞的眼睛一亮，赶紧说出了自己最喜欢弹的曲子，并坐到风琴前面，欢快地弹了起来。不可思议的是，他竟然弹得很流畅，节奏和旋律都把握得很好。

对此，斯宾塞是这样总结的："教育应该是快乐的，当一个孩子处于不快乐的情绪中时，他的智力和潜能就会大大降低。呵斥和指责不会带来好的结果。教育的目的就是让孩子成为一个快乐的人，因此教育的方法也应该是快乐的。

鼓励正是那种可以让孩子快乐学习的源泉。父母们应该善于运用鼓励，经常对孩子说："你今天的字写得真漂亮！""画得越来越好了，如果再努力一些，都可以成为小画家了！"相信孩子不会让你失望的。

在孩子做错事时鼓励孩子

在成长过程中，孩子必然会犯错误，做错事，这时父母往往会生气地责骂孩子。其实，孩子也不愿意犯错误、做错事，他们本来已经有内疚感了，如果父母再不断地责骂孩子，孩子就会觉得非常难过，也觉得自己很无能。所以家长此时更要鼓励孩子，不能让他失去信心。

厨房里，妈妈正在洗碗。这时，4 岁的宁宁走进了厨房，他看到妈妈在洗碗，觉得很好玩，就缠着妈妈让他洗碗。看着好奇的儿子，妈妈决定让宁宁洗碗。经过妈妈的示范，宁宁洗得有模有样的，妈妈忍不住夸奖了宁宁。当妈妈转身整理冰箱时，突然传来"砰"的一声，宁宁叫了起来："哇！妈妈，我打碎碗了！"

妈妈赶紧关心地问道："让妈妈看看，有没有伤到你的手？"

宁宁紧张地看着妈妈，说："没有。可是，碗已经破了！"

妈妈安慰道："没关系，打破一个碗不要紧。重要的是，我家的宁宁学会了洗碗，妈妈为你自豪。每个人要学会做一件事情都很不容易，会遇到各种困难。不要怕，妈妈把碎片收拾一下就好了，你愿意接着洗吗？"

宁宁不好意思地说："愿意。"

看到宁宁那么认真的在洗，妈妈表扬了宁宁。

妈妈夸奖道："你真棒！不过，在洗碗的时候，一定要小心，要用手抓紧碗的边沿，就像妈妈这样，知道吗？"

宁宁高兴地说："知道了，妈妈。"

有了妈妈的鼓励，相信孩子一定可以做的更好。孩子很需要家长的鼓励，作为家长的我们不要吝啬自己的夸奖，不管孩子做得好还是没做好，记住，有了你的夸奖，孩子会做的更好。家长要多和孩子说："你真棒！"

小贴士

孩子希望得到父母的鼓励，更希望得到老师、同学或者是其他有威望人士的鼓励。有时候，孩子因为得到父母的鼓励较多，对父母的鼓励产生了一定的免疫性，往往效果不是太大。这时，如果父母有意识地借他人之口来鼓励孩子，往往会激发孩子自信，使亲子关系更加融洽。

No.8 没有教不好的孩子

“没有教不好的学生，只有不会教的老师”，作为家长心里也同样需要这句话。孩子不好，首先是家长的责任，只有这样，才会仔细检讨自己的教育方法和表率作用，才不会对犯了过错的孩子产生“恨铁不成钢”，才会耐心的，想方设法设身处地地教育孩子。

在生活中，我们常常会看到这样一些现象：很多父母费尽心思，付出千辛万苦教育自己的孩子，结果却发现孩子离自己期望的目标背道而驰。有的孩子被他们教成了“问题孩子”；有的孩子甚至因此而付出了惨痛的代价。于是他们感到痛苦、困惑、茫然。

一位母亲的苦恼：她5岁的孩子越来越让她伤心。几年前，丈夫就和她离婚了，她一个人把孩子拉扯大。她非常爱孩子，从孩子小时候起，为了自己孩子也能像别人家的孩子一样吃好的、穿好的，她一直省吃俭用，满足儿子对物质上的各种需要，从不含糊。

看到孩子快乐，她心里也觉得很安慰的。可现在随着孩子渐渐长大，孩子变得越来越自私，对物质的要求也越来越高：不买就无理取闹，丝毫不考虑自己的家境，不体谅母亲的艰辛。她哭着说：“孩子怎么这么不懂事。”

我们在嗟叹惋惜之余，是否也应该从这些失败的教育中做一些反省，引发一些思考呢？家长到底要怎样教孩子才是“会教”？

家庭环境的影响

研究表明：孩子最早的学习方式是模仿。他们从很小的时候开始，就会将看到、听到、感觉到的东西“消化”在正在发育的大脑里。并在以后的生活中不知不觉地加以效仿。所以苏联著名教育家马卡连柯说：“父母是孩子人生第一任老师，他们的每句话，每个举动，每个眼神，甚至看不见的精神世界都会给孩子潜移默化的影响。”

在河南省的一个小山村，一家的三兄弟相继成了博士研究生。他们来自农民家庭，家境贫困。他们成功的秘诀在哪里呢？在于父母的以身作则、言传身教。

他们的父母在3个儿子入学前和求学历程中，用自己好学的行为来影响着孩子，他们每天挑灯共学的读书氛围一直延续到3个儿子都上大学。更难能可贵的是：他们当年非常穷困，却坚持长期订阅文学杂志和购买世界名著；在他们一贫如洗的四壁上，贴满了各种纸条，上面写着做人的名言和警句等。3个儿子就是在这样贫困然而格调高尚的氛围中长大了。这对他们的文化修养、人生感悟都产生了极其深刻深远的影响。

这对父母的伟大之处，并非是培养出3个博士，而是其在贫困中坚韧不拔、自强不息、勤奋好学的精神。这种精神深深感染每一个儿子，铸就了他们不屈不挠的性格，促进他们奋发向上，充分发挥各自的学习潜能。

家长要教孩子学会做人

做人是孩子的立身之本，因此，欲使孩子成才，先要教孩子做人，这是家庭教育的第一要务。认识不到这一点的家长，也培养不出懂孝、守孝的子女，更造就不了国家栋梁、社会精英。许多家长考虑孩子做人，往往只看重如何使孩子“成功”这一点，从来不懂得去关心一下孩子在其他方面的需求，这种家长仅仅在知识学习上促使孩子发展，根本不会在人格品质进行教育，所以他们培养出来的孩子，也许只是智商高的人，而不具备做人最基本的品德。

家长要让孩子懂得自信、乐观、坚强、诚信，才是做人的基础。只有具备终生不变的优秀品质和健全的人格，才有可能成为一个真正成功的人。否则，就算孩子成绩再优秀、成就再辉煌，那也只是昙花一现，终究不能健康发展。所以，家长不能重智育轻德育，要让孩子知道品德比成绩更重要。毕竟，社会是人的社会。

促进孩子素质全面发展

孩子就像一株幼苗，生长中既需要水分，也需要土壤、阳光和养料。实施素质教育，要求学校、社会、家庭都应依据教育方针，全面培养青少年一代，促使他们身心的健康成长。

我们正处于21世纪，孩子们面临的是知识时代的机遇和挑战，他们不但需要知识和技能，还需要健全的人格，更健壮的体魄，更积极的创新精神和更强的实践能力。而这一切，需要从小就加以培养。

父母要有耐心和智慧陪孩子成长

每一个孩子都有与别人不同的天赋、兴趣和性格，总有自己的长处和短处。家长只有根据孩子的特点，扬长避短，因材施教，才能获得良好的效果。因此需要父母的耐心和智慧，需要父母细心了解孩子，认识孩子，发现其特长和特短，根据孩子的个性和爱好进行循序渐进的教育。许多家长正是坚持因人而异，因材施教，结果使孩子走上了成才之路。

给孩子自由和空间

孩子在身心发育的过程中，有着广泛的兴趣和求知欲。这些是他们学习的内在动力，要保护这种求知欲，就需要给孩子一个自由探索的空间。

研究表明，对孩子行为的不当干预，不仅会束缚孩子的求知欲，而且会挫伤孩子的自信心，对他的智力发展和人格形成都有不利影响。

一位成功的家长说得好，如果你想把孩子培养成参天大树，而不是小小的盆景，那就把他放到广阔的天地里去。

给孩子一生的财富——自信

“自信是通往成功的第一要诀。”一个孩子充满自信，就会有一种积极向上、不怕困难的学习和生活态度，敢于尝试，乐于尝试。因为他相信自己可以做的很好。

而缺乏自信心的孩子则不爱与人交往，依赖大人，遇事畏缩不前，稍有挫折，就沮丧得不得了，有时候甚至于还没做就已经退缩，打退堂鼓了。缺乏自信将对孩子健全的人格发展产生巨大的影响。所以说，自信是孩子一生的财富，当他驾驭了自己的信心，就驾驭了命运与成功。

家长如何能教出好孩子，不能靠简单的模仿，因为我们的孩子不是一台机器，他们来自不同的生长环境，来自于不同的家庭，有着不同性格、兴趣、爱好，又各有所长，各有所短。在不同层次、有着不同素质、具有不同条件的家长，要根据自己的家庭环境、家庭条件、孩子的个性因材施教，这样，我们的家庭教育才不至于走弯路，才不会出现了追悔莫及的偏差，才能够令我们的孩子走向成功。

小贴士

为了我们的孩子，作为家长的我们应该腾出一部分时间，读一些家庭教育方面的书籍，提高我们的教子知识和水平，以便我们能够更科学更有效地引导和教育好我们的孩子，让我们的孩子能够在一个和睦、民主、幸福的环境中健康成长。

No.9 要相信自己的孩子

英国教育家斯宾塞曾说过：“当孩子感到被爱、被信任，奇迹不久就会出现在你眼前。”“就像从苹果树上采摘果实也需要方法一样，打开孩子的心灵之窗也需要父母的灵性与耐心。”所以，孩子需要家长的信任，有了家长的信任孩子就会给家长一个奇迹。

一般来说，家长对孩子的不信任主要表现在几个方面。

1. 说孩子的幼稚

一事当前，习惯训斥孩子说："小孩子不懂事，瞎掺和什么？""你知道什么呀？"

2. 对孩子相貌、能力等方面没信心

比如对孩子说："你个子太小，就别做篮球明星的梦了。"美国成功学家戴尔·卡耐基说过："千万不要取笑孩子的野心，对孩子来说，这种开玩笑就是嘲讽，而嘲讽是极具刺伤力的。如果父母发现子女的愿望太不切实际，不妨从各种角度与他们讨论，可能的话，找机会谈谈最有前途的工作，再尽可能鼓励他勇往直前。"

3. 打击孩子的理想

比如说这样的话："你五门有三门成绩不及格还想考北大？"

实际上，每一个孩子都需要父母的信任。父母的信任是对孩子的肯定和激励，能够让孩子更加自信，并更愿意与父母沟通。因此，家长们一定要多相信自己的孩子。

相信自己孩子的能力

有一位妈妈这样说儿子的变化：

晚上，我正在洗碗，小家伙就急着要睡觉了，"妈妈，我在床上等你。""自己可以吗？""我会自己脱衣服的。"长本事了啊！于是我悄悄地站在门口观望，小家伙认真地脱了鞋，爬上床，脱衣服，进被窝，没有一点点拖拉，很专注很认真，反而比我在身边表现得好。

"真是很好啊。"我进去后好好表扬了他一下。孩子对着我开心地笑了，又得意又骄傲："妈妈，我自己睡觉了，不用妈妈陪了。"可过去不是这样。冬天的时候，衣服穿得好多，儿子总是脱到一半的时候就大叫"妈妈帮我"。那时我想有一天，孩子可以自己脱衣服，我们只要互道一声"晚安"，然后我就关灯走人，该有多好。没想到一个表扬，这一天很快就到了。

现在看着儿子自己做的井井有条，我不得不相信他长大了，我应该相信他的能力了，以后多给他些信任，让他成为真正的男子汉。

相信孩子说的话

在孩子的成长过程中，他总是渴望得到家长的赞赏、尊重、信任，这样他才会觉得他是优秀的。如果父母处处不相信孩子，总是说："别骗我了，你以为我不知道你脑袋里想些什么吗？"这样，孩子往往会感到沮丧，从而产生消极的心理。

如果父母总是对孩子说："去做吧，我相信你能行！""我相信你能够安排好时间！""我相信你会把自己的房间收拾整洁的。"这种信任使孩子的内心感到非常愉悦，他的能力得到了父母的肯定，他的自信就会树立起来，什么事也会越做越好。

相信自己孩子是最优秀的

许多家长总是喜欢拿自己孩子的缺点与其他孩子的优点来比较，似乎自己的孩子总是不如其他孩子好。殊不知，家长的这种做法给孩子的感觉就是"父母是不相信我的！""我是没用的家伙！"这种悲观消极的想法让心理脆弱的孩子对自己失去了信心，长此以往就变得自卑了。

给孩子自由，尊重孩子，理解孩子，呵护孩子，每个妈妈都应该做的，知道孩子的渴望对我们来说是多么的自豪，在妈妈眼里自己的孩子永远是最棒的最优秀的。

小贴士

在养育孩子的时候，给予孩子信任感是非常重要的。在孩子的成长过程中，他们总是渴望得到家长的赏识、赞赏、尊重、信任来肯定自我，发展自我。如果家长处处不信任孩子，总是说："你在搞什么鬼，是不是想糊弄我？""别骗我了，你以为我不知道你脑袋里想些什么吗？"这样，孩子往往会感到沮丧，从而产生消极的心理。

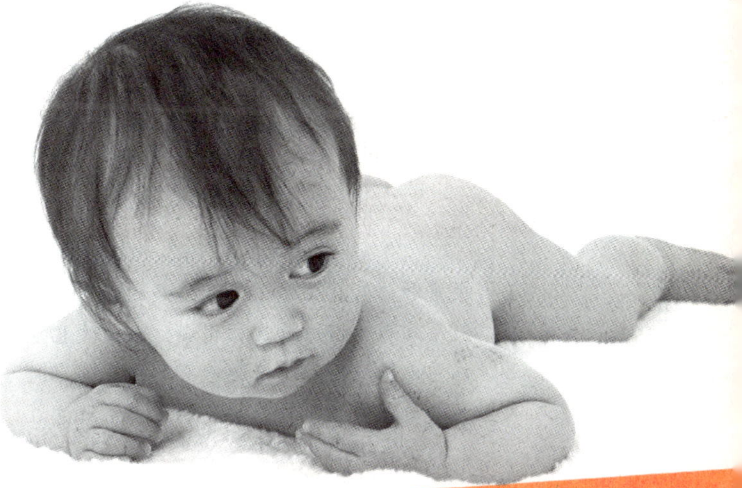

Part 2

视觉和语言优先发展，开启孩子智慧之门

2 视觉和语言优先发展，开启孩子智慧之门

视觉和语言，是孩子感官发展的两个前锋，关系到孩子智力发展的难易，关系到孩子潜力开发的大小；而天才儿童的造就又离不开注意力的培养，注意力是培养孩子兴趣，提高孩子学习能力的第一步。所以家长要注重视觉和语言的培养，同时锻炼孩子的注意力。

No.1 给孩子提供丰富的视觉刺激

育儿专家曾经指出，“视觉启智”是较易做到的一种启蒙方法，家长在孩子 6 岁前培养都能有一定收效。视觉是婴儿萌发最迟的一项感觉，又是一旦萌发后，发展最迅猛的一项。因此，要想孩子智能开发好，首先要给予孩子视觉刺激，尤其是颜色视觉，它在人的心理发展中有重要作用。研究表明，不同阶段的孩子处于不同的视觉时期，只要科学地利用此时生理特点对其视觉进行刺激，对孩子都能有启智作用。

视觉是婴儿发育最晚的一项感觉，但一旦发育后，也是发展最迅猛的一项。经过大量研究证明，“视觉启智”是较易做到的一种开发孩子智力的好方法，家长在孩子 6 岁前给孩子视觉刺激会收到良好效果。

我们先了解一下不同阶段孩子的视觉特点：

0 ～ 6 个月：视觉的黑白期

新生婴儿只能看到光和影，当他吃奶的时候刚好可以看到妈妈的脸。3 个月大时已具有三色视觉，但这个时候最能让他们感兴趣的主要是对比

强烈的黑白两色，尤其是黑白相间的图案。这时可以距离孩子 20～38 厘米处放一些具有黑白对比色的玩具，以吸引他们的注意，锻炼视觉发展。

6～12 个月：视觉的色彩期

6～12 个月是孩子辨别物体细小差别能力的发展关键期，此时他们需要的是颜色对比强烈的玩具。因此，家长多给孩子布置彩色玩具，像彩棒、颜色丰富的海报、风铃等各种各样的颜色艳丽的东西，会让他时刻产生捕捉的意念。这样，他对声、光的反应就更强烈。

1～3 岁：视觉的立体期

孩子学会走路以后，开始对远近、前后、左右等空间、方位有了更多认识，对事物也有了更多的好奇心。这时家长可以给孩子准备一些立体玩具，像一些会动的玩具，用来引导孩子视觉从平面向立体转化，激发想像力和观察力。

3～6 岁：视觉的空间期

此时的孩子通过观察，能够判断出大小、上下、内外、前后、远近等空间概念。这个时候，家长可以利用游戏很好地发展孩子空间视觉能力，比如说位置、识别物体大小、各种标志等，同时，让孩子使用油画棒、毛笔、橡皮泥等进行绘画训练，这是将视觉刺激和智力开发相结合的一种好方式。

因此，给家长们以下几点建议：

1. 给孩子布置一个丰富多彩的生活环境

在睡床的周围及整个房间里都布置色彩鲜艳的玩具，使他有机会看到一些鲜艳的颜色，如红、蓝、绿、黄等。还可在孩子睡床的上方悬挂一些彩色玩具，如吹气塑料玩具、彩色气球或用彩纸折叠成的小玩具等等。或是和孩子一起玩一些球类，这样既刺激了孩子的视觉，又锻炼了孩子的协调能力。

2. 玩具的位置经常更换

玩具应悬挂在孩子胸部上方70厘米左右之处，还应经常换换位置，以免孩子睡偏了头或造成斜视，而且每换一次位置孩子都有一种新鲜感，还可以使孩子从不同的角度认识同一个物体。悬挂的物品也经常更换，使孩子能够感受到不同的色彩和形状。

3. 给孩子一些彩色读物

选择画面形象、生动，色彩鲜艳的彩色图书给孩子，这些图书大都色彩丰富，印刷质量好，多阅读这样的启蒙读物，能对孩子进行视觉、触觉刺激，开发孩子的观察力和想像力，对孩子智力发展和学习习惯培养有着不可估量的作用。

4. 给孩子彩笔和纸

画画可以发挥孩子的想像力，锻炼孩子小手的灵活性和协调性，是培养孩子善于观察事物、了解事物特征的好方法。画画还可以开发大脑右半球的功能，对开发智力也大有益处。所以，家长应该在孩子1岁时就交给他画笔和纸，让他尽情涂鸦。这样，就能达到对孩子的视觉刺激，培养孩子的想像力和创造力。

一位爸爸是这样教孩子画画的：

我的孩子今年1岁多，别看他小，但总喜欢拿着画笔画画。看到孩子这样爱画画，我就给他买些绘画工具，彩色水笔、手工纸、卡纸、彩色卡纸等等，和孩子一起玩绘画游戏、手工游戏，孩子看到自己的杰作，他经常兴奋和欢快地叫我们看。当然我们也会夸夸孩子画得好，此时他就更高兴了。

但他有个不好的习惯，就是拿着画笔到处画，所以我家雪白的墙壁也不能幸免于难，于是他妈妈想了个方法，给孩子一块大些的纸或小黑板，让他任意涂画，他有了属于自己的“地盘”，就很少乱画了。

5. 带孩子走进大自然

大自然的颜色是最丰富的，五颜六色的动物和植物吸引着孩子的眼球，大自然里还有着孩子好奇的一切，遇到什么好奇的孩子都要问个为什么。所以，大自然给孩子带来的色彩刺激和收益，是家庭生活和抽象学习所不能比拟的。

家长别以为只要孩子的眼睛看得见，就轻视孩子的视觉发展，要先了解孩子的发展及行为背后的含意，才能适时提供足够的刺激，提高孩子“看”的能力。总之，家长应利用各种机会让孩子用眼睛去接受各种色彩的刺激，促进智力发育，让孩子更多的了解这个色彩丰富的世界。

小贴士

家长可以在孩子小床周围的墙壁上张贴几幅大的人物或是风景海报，或是贴一些用彩纸剪成的较大的简单的几何形体。当孩子清醒且情绪好时，妈妈、爸爸可以用手指这些玩具或图片、画片让孩子看，并轻轻地细语，给孩子讲一些有关的故事。

No.2 培养天才，注意力是关键

法国生物学家乔治·居维叶说过：“天才，首先是注意力。”意大利儿童教育家蒙台梭利也曾经说过：“给人类带来进步的伟大发现，与其说由于科学家们的教养或者他们的知识，不如说是由于完全聚精会神的能力。由于他们的智慧能够埋头于他们感到兴趣的工作”。

孩子若没有足够的注意力，会影响孩子的智力发育及以后的学习习惯和效率；相反，如果孩子做任何事都能专心、投入，不仅学习效率比别的孩子高，将来也会有更好地成就。由此可见，注意力对于孩子成长的重要性。

注意力是指一个孩子将意志保持一段时间集中在某一事物上，而不被外界刺激所干扰的能力。每个孩子集中注意力的时间长短不一，一般而言，会随着年龄、发展情况及个体差异而有所不同，年龄越大，注意力持续的时间也会相对地增加。此外，孩子本身的个性特质、学习环境的安排及对学习内容的兴趣，也是影响注意力的主要因素。

专注是孩子需要培养的一种品格，它是一个人能高度集中于某一件事情的能力，是一项非常重要的心理素质。从小培养孩子专注的能力可以保持孩子一生养成集中注意力的好习惯。作家西塞罗说过：“任凭怎么脆弱的人，只要把全部的精力倾注在唯一的目的上，必能有所成就。”因此，专注力的培养，对于孩子来说，对其一生都有良好的影响。

也许有家长会问，注意力到底对孩子有什么意义呢？

注意力集中，能提高孩子学习能力

当孩子能够把注意力集中于某件事情的时候，他们就会主动去探求其中未知的东西，寻求解决问题的办法。比如，经常喜欢搭积木的孩子更容易掌握空间结构的知识技巧，这可以提升数学思维能力。

注意力集中，能磨练孩子毅力

当孩子热衷于某一件玩具并长时间摆弄时，不知不觉中也锻炼了他的恒心和毅力；还可以帮助孩子克服散漫的习惯，能够沉着冷静地处理问题，形成稳定的心理素质。

注意力集中，提高自信心

注意力集中的孩子，由于能够专心于自己所做的事情，所以更容易获得满意的结果，更能体验到成功的快乐。如果再得到家长的夸奖，孩子就会更加自信。特别是幼儿期的孩子，心理处于发展初期，缺乏行动的目的性，无意注意占优势，有意注意处于发展期。此时的孩子易受自身兴趣、情绪及客观新异刺激的影响，不能长时间把注意力保持在某一事物上，易出现注意的分散。

那么，家长要从哪些方面培养孩子的注意力？

1. 从孩子的兴趣入手

兴趣是吸引孩子学习上进的动力，只要有了吸引孩子的东西或事情，就不愁小家伙不集中注意力了，所以家长要做的就是发觉孩子的兴趣。如拿本相片簿，为孩子讲述他出生、成长的故事；和孩子聊天，听听他小脑袋里在想什么；观察邻居家的小宠物，给孩子讲一些有关小动物的知识……

2. 控制时间，有效调整孩子的注意力

幼儿的心智发育还不成熟，注意力持续时间不可能长，不会长时间做同一件事情。家长要注意掌握这个分寸，不要强迫孩子用过长时间做一件事情，避免导致他们注意力不集中习惯的产生。在集中精力一段时间后，就应该适当的放松一下，并且奖励宝贝，这样他才会做的更好。

一位妈妈这样说：

1 岁半的小孩很难安静坐下来看书，丁丁在 1 岁多时只要醒着就活动不停，当时我还查资料看看孩子有没有多动症的嫌疑，不过到了 2 岁多就有可能安静一会儿了。

关键是家长要坚持不懈，在孩子安静的时候抽空给他讲三五分钟的故事，时间不宜过长；读物要适合孩子的年龄和心理特征，丁丁 1 岁多时的读物是迪斯尼的经典童话故事，画面生动精美，孩子很爱看，要求大人一遍一遍地讲。总讲一个故事大人其实挺烦的，但是为了培养孩子对书的兴趣，必须耐住性子一遍一遍讲下去，比如说《绿野仙踪》，我大概讲了不下五六十遍了吧。我个人的体会是，对于孩子注意力的培养是需要从小培养的，而且在孩子还小的时候不能操之过急，时间不要太长，否则就适得其反了。

3. 让孩子养成做事认真的习惯

孩子的注意力经常受外界环境变化而受到转移，尤其是很容易被新鲜的事物所吸引。如：孩子们正在认真的看书，窗外的树上不知什么时候飞来了一只漂亮的小鸟，并且叫声也非常好听，孩子的注意力马上被小鸟悦耳动听的叫声所吸引，放下手中的书去看小鸟。当家长发现孩子有这样的情况，不要急着把他的注意力拉回来，因为那会徒劳无功。此时不如顺着他新的兴趣，培养一段新的注意力。当小鸟飞了，这个转移也就结束了，再提醒他书还没看完，并且告诉他，做事要认真，做完一件事情后再做另一件事情，否则哪一件事情也做不好的道理。

培养幼儿注意力，是幼儿教育中非常关键的环节，是一个循序渐进的过程，切不可操之过急，也不可轻易改变原则。只要我们耐心研究，改进方法，让孩子们集中注意力，是可以达到良好的教学效果的。

小贴士

家长给可以和孩子一起玩一些游戏来锻炼孩子的注意力。比如：给孩子准备一个用手一拽就能响的挂件，让他拽着玩。这可以使孩子的注意力持续集中，还有利于培养孩子的好奇心；或是把家里能抓的小物体，如勺子、钥匙等抛来抛去，对这些变幻他会很感兴趣；还有敲打锅碗瓢盆等弄出声音来的游戏，孩子也很喜欢玩，只要没有危险，尽可能让他玩得持久一些。这对培养孩子集中注意力很有好处。

No.3 培养注意力应找准兴趣点

亚里士多德曾说："古往今来人们开始探索，都应起源于对自然万物的惊异。"莎士比亚也说过："学问必须合乎自己的兴趣，方才可以得益。"足见兴趣对一个人来说是多么重要。所以，从小就发掘孩子的兴趣，调动多种手段培养孩子的兴趣，让孩子把注意力突出集中在自己的兴趣上，才能取得理想的效果。

每个孩子都会对他感兴趣的事物给予优先的注意和思索，并表现出心驰神往的专注。例如，对美术感兴趣的孩子，会整天拿着画笔画画，并喜欢看美术作品；对音乐感兴趣的孩子一听到有他喜欢的音乐，比如动画片的插曲，他就跟着唱起来……

如果一个孩子对某项事物没有兴趣，也就不会产生注意力，特别是对0～6岁的孩子来说，兴趣更是吸引注意力的关键。这是因为这个时期的孩子注意力不集中，易分心。所以新鲜多变的物体，非常容易引起孩子的注意力，同时，孩子的注意力很容易受到其他刺激度更高的事物而发生转移。

强烈的声音、鲜艳的颜色、生动的形象、突然出现的刺激物，都会吸引孩子的注意力；而且这些刺激物还要与孩子兴趣需要有关系。所以，这些东西一出现就会立即吸引孩子的注意力。

孩子年龄越小，自己能控制注意力的时间就越短，也就是控制能力弱，因此稳定性差，常常因兴趣和需要的变化而转移。

但是，儿童心理学专家研究表明，注意力的形成虽然与先天的遗传有一定关系，但后天的环境与教育的影响更为重要。要从出生起就有意识地培养孩子的注意力，帮助孩子养成良好的注意能力。

下面针对不同年龄段孩子的注意力提供一些培养方法：

0～1岁孩子吸引为主

孩子出生后，每天在妈妈的细心照料下，心灵得到滋润，情绪变得安定。于是，他开始注意周围的事物，而最能引起孩子注意的，莫过于妈妈了。

妈妈的各种行为、动作、表情、声音和语调，都会牢牢吸引孩子的注意力，因此，最好配合孩子随时为他创造出各式各样富有创意的“变化”，引起他的注意力。

另外，妈妈可以设法使玩具富于变化，使孩子的注意力全部投注在玩具上。将玩具置于孩子眼前，而后慢慢地将玩具向左右摇晃，让孩子的眼光随着玩具追来追去，不但可以提高孩子的注意力，还能促进孩子协调眼睛方向的能力。

1～2岁孩子要靠好奇心与兴趣

强烈、新奇、富于变化的物体最能吸引孩子的注意力。像会唱歌的洋娃娃，会跳的小熊，会自己走路的机器人等，都能吸引孩子的好奇心，让他集中注意力去观察、游戏，保持兴奋。

因此，家长在给孩子选购玩具或者图书时，尽量选取有趣、丰富、鲜艳、富于变化的，用来训练他集中注意力。还可以带孩子到他不熟悉的环境中去玩，如逛公园、游乐园，让他看一些以前未曾见过的植物、造型各异的建筑；带孩子到动物园、海洋馆看一些有趣的动物等等，利用孩子对新鲜事物的强烈好奇心，有意识地去培养孩子的注意力。

让孩子做他感兴趣的事情时，他会很投入、很专心。游戏是孩子喜爱、最感兴趣的活动，你可以在与孩子的共同游戏活动中，有意识地培养他的专注力。

2岁孩子的注意力一般能集中3～5分钟。如果孩子对活动感兴趣，他的注意力集中可能长达30分钟左右。可见，游戏等活动是锻炼孩子注意力集中的好办法。

2～3岁培养注意力须循序渐进

2～3岁孩子一次集中注意力的时间最多不会超过5分钟。有些孩子集中注意力的时间更短，几乎时时刻刻都在忙碌，很容易被各种事物吸引，分散注意力。虽然他也有兴趣爱好，但对感兴趣的事也无法主动集中注意力。这类孩子就具有注意力比较分散的行为特点，家长应该及早给予纠正，否则会影响以后的学习。

家长先要发现孩子的兴趣爱好，在他的兴趣爱好中挑选比较安静的活动，如讲故事、画图、识字母等，从这些内容开始训练注意力，每日分多次进行，每次直到注意力不能再集中时停止。

当家长同孩子谈话的时候，或者要求他做什么事情的时候，绝不允许孩子漫不经心。如果出现你说你的、他玩他的这种情况仍不予纠正，久而久之，孩子就会养成不注意听家长讲话的不好习惯。同样情况，也会发生在孩子做事、看书等各种活动中。所以，从小注意培养孩子注意目标明确、做事专心的习惯非常重要。

当孩子对事物发生兴趣时，才有可能注意它。因此，要有目的、经常性发现兴趣点，让他持续不断地产生兴趣，这样可以保持较高的注意力。另外，不要对孩子注意力不集中抱有不在乎的态度，否则养成习惯就难以纠正了。

小贴士

家长对孩子的发展应该抱着快乐教育的原则和宽松的态度，引导并让孩子追寻自己的兴趣。而且鼓励孩子要坚持，并给他讲一些坚持的故事。相信有了家长的鼓励和监督，孩子会把自己的兴趣进行到底。

No.4 揭开注意力缺乏症的面纱

“不管你符合哪一类，工作记忆都是日常身体机能的一个瓶颈。”斯德哥尔摩的卡罗林斯卡学院神经系统学家托克尔·克林伯格先生评论说。对于孩子也一样，如果孩子不能长时间集中注意力，对他以后学习将有很大影响。许多患有注意力缺乏症状的孩子，在认知方面有着迟缓的不足，尤其是工作记忆。所谓工作记忆，是指人的大脑短期储存信息、以完成工作的能力。这种认知问题的行为具体体现在做事情注意力不集中和淘气多动方面。

处于童年时期的孩子，由于神经系统还没有发育成熟，往往活动量大，注意力集中的时间短暂，这是一种正常现象。但是，有一种病态的“注意力不集中”需要引起家长的关注，那就是“注意力缺乏症”。

注意力缺乏症的全称是“注意力缺乏、行动过剩障碍”(ADHD)。这种障碍是过去称为多动症的行为问题，表现为：行为冲动、注意力无法集中于某项工作，或者活动过度。

这病症属于行为异常的疾病，可减低孩子的注意力，所以会影响以后的学习。 有些孩子可能同时也有学习能力障碍问题。

注意力缺乏症不容易诊断，因为孩子是在整体的生活方面受到影响，包括家庭、学校、朋友关系、课外团体活动等，很难找出确定的征兆。美国精神病学会列出了 14 种征兆：

① 经常坐立不安，手脚乱动，或者坐着时身子不停扭动。

② 很难长时间静坐。

③ 容易因外来刺激而分心。

④ 在游戏或集体活动中很难遵守秩序。

⑤ 经常在提问者问题未问完就脱口说出答案。

⑥ 很难按指示办事。

⑦ 在工作或游戏中很难保持注意力集中。

⑧ 经常一件事未做完就转而去做另一件事。

⑨ 很难安静地玩耍。

⑩ 喋喋不休。

⑪ 经常打断或者干扰别人讲话。

⑫ 经常不听别人讲话。

⑬ 经常忘记要做的工作或事情。

⑭ 经常不顾后果地去进行对身体有危险的活动。

那么，家长应怎样正确对待注意力缺乏症的孩子？

多些鼓励，少些批评，耐心辅导

根据他们实际情况，不要过高地要求，做家长也要在各方面提高素质及修养，做好榜样，戒除恶习，生活要有规律，也要加强自我控制能力，切忌发怒打骂，要和孩子谈心，沟通心灵，多进行一些培养孩子注意力的活动，有意识地帮助孩子纠正注意力不集中。

注意科学饮食

为减轻孩子的症状，应帮助孩子克服偏食和挑食的习惯，其膳食应粗粮与细粮结合，荤菜与蔬菜、水果搭配，减少儿童的食糖量，含甲基水杨酸盐类较高的苹果、橘子、西红柿等水果，也不宜多食用。

配合医生治疗

用药前要进行详细的生理和神经系统检查，应带孩子去正规医院查明病因，是否需要药物治疗呢。家长在面对孩子被诊断为注意力缺乏症的时候，必须要对上述问题作出决定。通过药物治疗，70%的孩子可以治愈。

但是越来越多的研究显示，虽然药物治疗可能使孩子短时间安静下来，但它并不能从根本上改善孩子的注意力缺乏、多动等症状。因此，家长还要从其他方面，比如家长进行教育以及训练孩子思维能力等一些方法，才能让孩子真正告别注意力缺乏症。

小贴士

要想知道孩子是否患有注意力缺乏症，首先要带孩子到正规医院由专家做一个透彻的检查和诊断。诊断过程一般包括从孩子本身、家长、老师及儿科医生处收集资料并作观察或心理测验。

No.5 当孩子咿呀学语时，是教他语言最佳时机

儿童心理学与生理学研究表明，1 岁半～3 岁是孩子言语能力发展最快的阶段。这期间孩子之间的个体差异也较明显，他们已开始说多词句的话语，学会使用各种基本类型的句子，出现了复合句，喜欢交际，好发问，爱听故事和儿歌，喜欢成人给他讲小人书，并能记住一些故事内容。对于这个时期的孩子，应该因势利导地进行言语方面的训练。

初为父母，你一定想知道孩子什么时候开始学说话。有的家长说："我的小孩已经 11 个月了，她很调皮。9 个月就会走路，会听懂家长的指示有反应，想要什么东西会跟家长指着要，唯一美中不足的是，她现在好像还不想学说话。"有的家长说："我的宝贝半岁时，只会叫妈妈，1 岁半那天会说双字叠音，自此一发不可收，到现在 1 岁 9 个月，已能表达自己的意思，和家长对话了。现在她在我们大院里算是最能说的，你知道我的经验是什么吗？就是不管你做什么，嘴上都要讲出来，不要以为她听不懂，你就不说。说话是日积月累的，并不是鹦鹉学舌。"

其实在正常条件下，婴儿出生 6 个月后，多数就已开始咿咿呀呀地说话了。只是这时属于"鹦鹉学舌"型的，同时将说话的声音与具体的事物对应起来。1 周岁左右的孩子往往就能说两三个词语了，18～24 个月时，是孩子语言迅速发展的时期，他们开始将第一信号系统的单纯声音信号，转变为具有抽象意义的词语信号，从而初步形成了抽象思维的主要特征，即运用语言的能力。因此，家长们应不失良机地与婴儿多进行语言交流。

一位妈妈这样介绍自己的经验：

从孩子出生那天起，无论做任何事情我都要用温和的语气告诉她，比

如："我是妈妈"，"孩子，妈妈正在给你喂奶"，"妈妈在做饭"；看到什么东西，都要告诉她名称，比如："这是奶瓶"、"那是桌子"等；每天给他读点小故事。

不要以为小孩太小听不懂，其实当你嘴巴说话的时候，小家伙都会很认真地看，你跟她讲的东西，其实都储存在她的小脑袋瓜里，为她的语言发展打下了良好的基础。

那么，家长要怎样教自己的孩子说话？

家长要用正确的发音教孩子

教孩子学习说话，首先是帮助孩子正确发音。正确的发音，必须用普通话作为标准，家长一字一句清楚地给孩子作示范。孩子学习语音语调，主要方法就是模仿周围的成人。成人要为孩子作出正确的示范，平时要尽量用普通话同孩子说话，让孩子学说标准的普通话。对于孩子一时发得不准确的语音，不要迁就，更不要顺着他你也这么说，应结合日常生活有关内容反复训练。这样就可以让孩子形成良好的语言习惯，为以后的说话、学习打好基础。

在生活中教孩子词语的含义

教孩子学习一个新词，尽量要同这个词所代表的实物或动作联系起来。孩子在说话时运用较多的是一些日常生活中最常见事物的名词，如：水果、蔬菜、玩具、电视中他经常看的内容。家长可以结合日常生活内容，帮助孩子理解这些词的含义，学习使用这些词语。如教"汽车"这个词，可以在带孩子在路上的时候，指着来往的车辆告诉孩子"这是汽车"，此时还可以问孩子"这是什么颜色的汽车？那是什么颜色的？"这样还能在孩子认识事物的同时，提高他的颜色辨别能力。于是，孩子就容易理解这个词语，并且在以后遇到汽车时就会联想起家长教给他的东西。

另外，还可以利用识字卡片、幼儿图书资料等帮助孩子多认识一些日常生活中不常见到的事物，这也有利于孩子积累词汇。

多带孩子接触社会，让孩子多开眼界

如果孩子的生活内容充实，见多识广，那么他说话的内容也多。在家庭中，要有意识地安排好孩子每天的生活内容，使孩子生活得充实、快乐。家长要经常带孩子走出家庭，逛公园、商店、外出散步、去朋友家做客等。在这些活动中，引导孩子观察周围的事物，积累生活经验和说话的素材。

丰富的生活，使孩子感觉到新鲜，有趣，他就会情不自禁地同别人交流这种感觉。这样，孩子说话的愿望和热情就被激发起来了，而这种想同别人交流的愿望，还是孩子学习口语的重要动力。

多给孩子说话机会，锻炼孩子语言能力

孩子语言能力的培养，主要靠孩子多说多练，家长应有意识地为孩子提供一些说话的机会，让孩子的语言能力能在实践中不断进步。例如：家里有些电话，家长可以让孩子去接，这样既能培养孩子认真听别人说话，也锻炼了孩子回答问题能力和复述别人说话内容的能力，而且孩子有种成就感，让爸爸妈妈知道他会接电话了，这样就在与他人的交流中锻炼了孩子的语言能力。

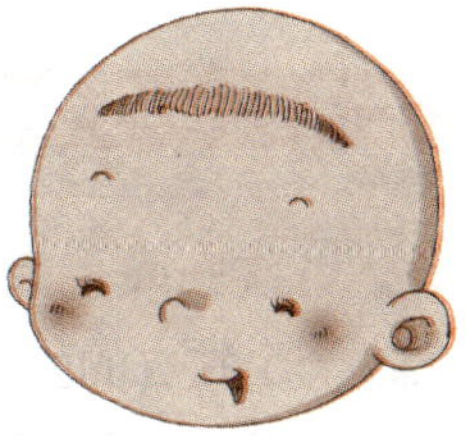

教孩子说话，是幼儿时期家庭教育的一项重要内容，是家长的一项长期任务。家长的语言能力，直接影响到孩子语言能力的发展，因此，家长也要努力提高自身的语言能力。同时，家长还要做到细心加耐心，这样，孩子的语言能力，表达能力提高和发展才有保障。

小贴士

1 岁多的孩子就开始咿呀学语，孩子最喜欢模仿大人的动作和语言，有的家长因为自己忙，把孩子托给保姆。孩子便会模仿保姆的语言，如果保姆素质不高，孩子就会学一些不好的字眼。应让孩子多接触一些美好的事物，让孩子有好的东西作为模仿对象，这样对孩子的全面发展有好处。

No.6 孩子语言发展的规律

我国著名语言学家佟乐泉先生说："判断一个孩子的智力发展是否正常，用什么作指标？我们就是两个指标：一个指标是动作；第二个指标就是语言。"语言是人类开展思维活动，进行思想交流的重要工具，是人类最重要的信息载体。人类学习各种知识、技能，积累各种精神财富，参与各种社会活动都主要靠语言。因此，语言能力是人类智能最重要的基础能力之一。没有相应的语言能力，便无法进入和适应社会快速发展。

3 岁前婴儿言语的发展是一个连续的、有次序、有规律的过程，不断由量变到质变的过程，因而既有连续性，又有规律性。根据孩子语言实际的发展，大致可分为 6 个阶段：

出生到 3 个月 —— 简单发音阶段

当孩子降生后发出第一声啼哭，就宣告了一个独立的生命个体的开始。不过这第一声啼哭并不是语言，而是一种生物性的声音。很简单，因为它不具备语言的思维特征。接下来，在婴儿房里，可能会因为一个孩子啼哭引起"大合唱"，可能是条件反射。过不了多久，这哭声有了变化：声音有了高低，节奏有长有短，反映了不同的要求。

这时只有细心的妈妈才听得懂：他这样哭是饿了；那样哭是屁股下面湿了，不舒服；或者有更多的方式，反映更多的要求。但是，只有他的妈妈或者是爸爸，也许是别的日夜伴随在他身边的人能够听懂。那么这种哭声就是语言的前奏，不过仍不能称为语言，只能是生物性声音向高级发展，并向语言方向迈进了一步的表现。

过了一个多月，孩子会发出哼哼唧唧的声音，既不是哭，也不是语言。这时候你仔细观察一下，孩子精神很好，眼睛瞪得很大，面部表情喜悦，没有饥饿或口渴要求吃奶的想法，他其实是在自己玩呢，从喉咙里自然发出一种声音。其实这就好像大人们开心时用唱歌来表达自己的快乐一样，那也是孩子内在感情的抒发。同时这也是语言训练的自然阶段，仍然不是真正的语音出现。

孩子在 2 个月左右的时候，会发出 a、o、e 或者 i、u 的声音，这才是作为语言的语音出现了。其根据是因为在我们的汉语拼音表里能找到这些发音，而且在其它语系里也有这些语音。这种语音虽然还不能表达什么意思，也没有什么目的，但这可是他的发音器官发出的具有社会语言元素的声音。

4～8 个月 —— 连续音节阶段

接着在他 4～8 个月的时候，孩子明显地对语言表现出兴趣，他特别喜欢你对着他说话，咿呀说个不停，甚至手舞足蹈。你说“妈妈”，他对着妈妈笑；你说：“灯在哪里？”他会用眼睛去寻找；你叫他的名字，他能转过头来，知道叫他。渐渐的对日常语言越来越熟悉，了解越来越多，对语言的音调高低，节奏快慢都具有了分辨能力。

9～12 个月 —— 学话萌芽阶段

在 9～12 个月期间，孩子的理解能力明显提高，辨别力明显发展，已经能听懂大多数简单句子，不过能掌握的新词，能发出的声音每个月大约只有 1～3 个。这是因为一方面他的大脑语言功能区神经发育还不是太成熟；另一方面作为发音器官的声带、舌头和面部肌肉综合协调能力还不完备，需要一个过程。

这时候语言信息的输入十分重要：跟他说话，看图片；指认鼻子，眼睛，耳朵，嘴巴等。方法得当的话，语言表达能力进度可能会快一些。比如让孩子发一些比较容易发的音节：马，鸭，八，大，拉……教他模仿小动物的声音：小鸡“叽叽叽”，小猫“喵喵喵”，小狗“汪汪汪”……还可以教孩子些肢体语言：拍手——“欢迎”，摆手——“再见”等等。

12～18 个月 —— 正式开始学话、单词阶段

一般来说，孩子掌握词汇的速度在 15 个月时可达 10 个以上，15 个月以后速度加快，18 个月左右时，每月掌握的词汇可达 10 个左右。这时候要留心观察，他什么时候开始连续发出两个单词，比如妈妈下班回到家里，孩子会很高兴地迎接妈妈，然后会指着拖鞋说："妈妈，鞋。"意思是：妈妈快换上拖鞋。这时候是孩子说话的又一个新飞跃——双词句。

不过双词句还是象征性句子，并不是完整的句子。什么是完整的句子呢？作为一个句子要有主语和谓语，即一个名词加上一个动词。如："妈妈，抱（孩子）。"或者"爸爸，开（门）"，尽管仍缺少宾语，但是作为一个句子的最主要的成分，主语和谓语都具备了。

这是个里程碑式的阶段。

1 岁半～2 岁 —— 简单句阶段，掌握初步的语言阶段

孩子到了 18 个月左右，语言能力又有了一个飞跃式的变化：说话增多，教什么会什么，一般能说出 50 个左右词汇，每个月增加 25 个新词；能用简单的话表达自己的意思，如"孩子要"，"妈妈上班"，叫做"语言爆发期"。

这时候的孩子语言有一个明显特点：简洁、明了，有时候还叽里咕噜说一些"外语"，那是想表达一个意思，但是又没有词汇表达的现象，称为"儿语"。这时候需要注意的是：不要觉得孩子的儿语有意思有趣就模仿他说，也可能他从周围学到了一半句粗话，常挂在嘴上，你越是不让他说他反倒越有兴趣。原因只有一个，就是为了引起家长的注意，你最好的办法就是忽略、淡化，而不是纠正、呵斥，不然，越描反而越黑。

孩子的语言旺盛期同时也是学习语言信息最旺盛的时期，单靠日常生活中的语言已经明显不足，必须从书本中汲取语言（词汇）。这时只有给孩子读书、讲故事，说儿歌、听儿歌，方能满足孩子学习语言的需求，不然就会发生"语言饥饿"。饥饿无论是在生理上或是心理上，对孩子发育

都是不利的。但是人们往往只注意到肚子饥饿，而忽视精神饥饿。肚子饥饿需要物质营养，精神饥饿就需要爱和语言。

2～3岁——复合句子的发展，掌握最基本的言语阶段

孩子两岁前会结束单词句，其词汇量也增加到200个左右。他的语言表达能力有了很大发展，最大特点是“学舌”和“接话”，妈妈说什么，孩子跟着说什么，或者爸爸说儿歌孩子会接最后一两个字。说儿歌是由简单句向完整语言句过渡的最好桥梁，因为儿歌句式整齐，三字、五字或七字；生动活泼，节奏欢快，能说又能唱，小孩子特别喜欢。

随着孩了思维能力的产生和发展，孩子会提出各种各样的“为什么”，这对于他以后的兴趣、创造性能力发展具有重要意义。作为爸爸妈妈要尽可能满足，切不可敷衍，更不能厌烦；实在回答不了的问题就老实说：“这个问题提得好，爸爸需要向老师请教才能回答你。”或者说“等你长大了，读书识字了，书本会告诉你。”

孩子到了3岁，词汇量可以达到1 000多个。可是如果你忽视了孩子的语言，仅仅让他接触日常生活中的几百个词汇或者更少，孩子的语言怎么能发展呢？这种语言环境的不良状态，应该是家长的责任。

在这一时期，家长还要多给孩子讲些小故事；也可以给他讲解看图说话，或者鼓励孩子自己讲并及时指正；还可以教他唱些简单的儿歌、背简单的诗句等。当孩子提出问题时，要用心地说明，并用简单词句来描述事物的特点和用途。这样一来，孩子的语言能力就会得到长足发展。

小贴士

当孩子自发地说什么事情的时候，家长给他多附加一点内容，例如他说到打篮球，你可以发挥到打排球、踢足球。这不仅可以增大孩子的词汇量，还能教会他如何组合这些词。和小伙伴在一起，是孩子练习语言的好环境。2～3岁的孩子已经开始发展他们的社交能力了，而社交能力反过来又能促进孩子语言的发育。

No.7 训练孩子语言中需要注意的问题

育儿专家指出："当新生儿感到不舒服时，就会以哭闹来表达自己的感觉。2～3个月的婴儿，家长逗他时，能发出回答性的喉音，在安静的环境中自己也会发出咿呀声。此时家长就要注意培养孩子的语言感觉了。"

发展孩子语言能力的方法有很多，家长可根据孩子的具体情况，有选择性、形式多样地对他进行训练。但在培养和训练过程中，提醒家长要特别注意以下几个问题。

培养语言能力，要把握住语言发展的关键期

科学研究表明，2～4岁是孩子学习语言的关键期，一旦错过了关键期，就会成为心理上的某种缺陷，带来无法挽回的后果。著名的"印度狼孩"就是这样。虽然辛格博士花了很多精力去恢复其语言和人性，但仍然收效甚微。所以，家长要抓住和把握孩子学习语言的关键期，下功夫培养他的语言能力。

锻炼孩子语言和思维的相关性

说话，只有在被"听懂"即理解其中含意时，它才成为真正意义上的语言。而"说"是人在思维的基础上，把自己想要表达的意思通过嘴来说出，同时不断调整自己思维。

语言和思维是相互依存的。孩子在游戏过程中自言自语，就是孩子通过外部语言来进行思维的表现。家长在培养孩子语言能力的过程中，要注意把语言的音形与其本身的意思结合起来，否则家长只教孩子说话，而不帮孩子辨清意思，则很难发展孩子的逻辑思维，那不但无法促进孩子思维的发展，时间久了还会使他产生厌学情绪。

处于学语时期的幼儿都有这么一个情形，就是用词比较笼统，比如对几种车辆都叫“车车”。这不是什么真毛病，其实此时，他心里明白，这些东西是不一样的，只是掌握的词汇量太少，正等着你来教！

所以，我们要想尽一切办法，丰富孩子的词汇量，而且使孩子言之有物。如果孩子的生活内容充实，见多识广，那么他说话的内容也多，也就更能区分物体食物了。因此家长在家庭中，要有意识地安排好孩子每天的生活内容，使孩子生活得充实、快乐。

语言训练，家长要有目的有计划地进行

有的家长在对孩子进行语言能力训练时，往往缺乏计划性、目的性、系统性和持久性。一些家长在孩子呀呀学语时，陪孩子玩耍来教他说话，而到孩子两三岁时，错误地认为孩子大了就会说话而不去理会，以致错过了孩子语言发展的关键期。因此，家长要注意有意识地培养孩子的语言能力，既不拔苗助长，急于求成，也绝对不可不闻不问、掉以轻心。

讲究对孩子的说话方式

家长与孩子说话时，要注意讲究说话的方式，为孩子语言能力的发展提供条件。和孩子说话时要比较慢，口齿清楚，语调温和亲切。不可用严厉的语调对孩子说话，也不要恐吓或者在他面前讲别人的坏话。

家长对孩子说话，要多用积极鼓励性的语言，少用呵斥的、禁止性语言；多用提问的方式，少用命令的方式。语言对孩子的行为有强化作用，对好的行为，家长要多讲、多鼓励。对不好的行为，要尽量避免去强化它，最好是少议论，或是从其他角度，从积极方面去讲。

给孩子尽量创造良好的语言环境

家长尽量给孩子创造良好的语言环境，尽量教孩子说普通话。有一位妈妈这样说：

田田也到了学说话的时候了。小家伙好像并不是一个爱说话的孩子。虽然会叫“爸爸”“妈妈”了，却是十分的矜持。只有在着急和很关键的时候（比如兴奋、害怕）才会张开“贵口”。

刚刚开始的时候，我挺担心他学习说话的问题。因为我是北方人，在家里，我和爸爸之间说的是普通话，但他的阿姨、大姨、小姨都说的是河北方言，结果就是：田田大部分时间接触到的还是河北方言。

请教了一些有经验的朋友和专家，他们都认为能够用单一的普通话标准发音教孩子说话，对促进孩子正确的语言的交流是最好的。

注意孩子可能产生的语言问题

孩子容易产生的语言障碍最常见的要属口吃了。家长要注意防止发生这一问题。这个问题在孩子两三岁时最容易发生。一旦发现，家长不要讥笑孩子，应暂时避免他与别的善辩的孩子在一起议论问题，因为他一心急，说话必然就结巴，从而加重口吃。

家长还要阻止孩子因出于贪玩而去模仿口吃说话。发现孩子口吃时，切忌厉声责备，否则孩子受到刺激后着急，又会张不开口，说话结结巴巴。家长应该鼓励孩子慢慢讲，把话说清楚，或者是换一句话，改变他的语言习惯，引导他动脑筋想好了再说。也可加强对孩子的口语训练，教孩子唱歌，采取多种方式锻炼他说话。

小贴士

孩子们喜欢童谣，同故事书一样，童谣的吸引力在于它们的简单性、戏剧性和不断重复出现的主题，重要的是，孩子很早就对童谣的韵律有反应。因此，多和孩子唱童谣，让他对韵律更敏感，形成良好的语言学习环境。

No.8 根据孩子个性培养说话能力

语言专家指出："语言作为思维的外壳，它直接影响思维的发展水平。"所以，家长要注意开发孩子的语言潜能，这有利于孩子的智力提升。成熟的语言潜能以听、说、读、写能力为主，但3岁前孩子的语言能力主要体现为听和说，遇到自己感兴趣的会有要表达的欲望，所以家长们要根据自己孩子的个性，培养孩子的说话能力。

当孩子开始说话以后，家长都很关心怎样才能让孩子的说话能力得到很好的发展？这里介绍一种"亲子对话"教育法。

所谓"亲子对话"教育法，主要是依据每个孩子的性格不同来培养孩子的说话能力，了解了孩子的性格就很容易找到孩子的兴趣点，这样他就会"滔滔不绝"了。若要与孩子说话，首先家长要学会如何倾听。听孩子说话是一种认同孩子的反应，当孩子觉得你在认真听他说话时，他就更有表达的欲望。

与孩子的对话应当从幼儿期开始，希望家长们能够随时激发自己孩子的个性与说话能力。

一般来说，爱说话的孩子因为好问而在想法上比较深入，也比较有自信、有个性。其实孩子们所说的话都有其原因及理由的，所以家长必须去了解孩子说话的原因。通常可分为以下3个原因：有问题发生，需要家长的帮忙；想把自己"所听、所见、所闻"的感受用声音去表达；想感受与爸爸妈妈的交流联系。

因此，倾听是一种认同孩子的反应，能使孩子因感受到充分自我表现的感觉而信心倍增。

那么，家长怎样来根据孩子的个性来培养他的说话能力？

倾听孩子，了解孩子

倾听能贴近孩子，近距离地听孩子说话，对孩子来说会有各方面意想不到的学习能力出现。倾听孩子，孩子就更愿意把自己的想法告诉家长，这样就养成了从小就和父母交流的好习惯。

孩子把自己的想法表达出来，也变得开朗、自信了，也使孩子的个性变得比较通融。孩子因为自己的感受、说话获得重视变得更有耐性、有安全感，他有烦恼也能尽快消除。如果孩子很早就能开始讲出长句和运用不同的生词，对将来的写作和表达能力都有帮助。

不同时期的孩子不同对待

孩子是从观察这个世界来开始学习说话的。只要他开始喃喃自语，发出简单的声音时，就是开始进行“亲子对话”的好时机。与孩子目光交流，随时随地与孩子说话，孩子出生后发出的第一个声音，便是“哭”；等 3、4 个月大时，开始会发出“咿咿啊啊”等单音；到了 8 个月大后就开始喃喃自语，甚至发出一些单字。

所以，按照孩子不同年龄使用不同的刺激法：

1.0～1 岁

① 看着孩子的眼睛和孩子说话

和孩子的第一阶段沟通方式就是“眼光交流”，孩子们通过看见妈妈的说话与表情来奠定对“说话方式”的认识。

② 和孩子在一起的时候尽量多和孩子说话

每一次的声音交流都会让孩子的听觉变敏锐，不管是换尿布、喂奶或洗澡时，都要随时随地保持与孩子说话的习惯。

③ 回应孩子的咿咿呀呀

只要妈妈经常回应，孩子也会开始学着表现自己的感觉，而且情绪也会更明显易懂。在与孩子应答时最好边说边抚摸孩子，更能强化亲子的交流。

④ 利用孩子模仿的天性

孩子通常喜欢模仿家长做动作，最简单的就是挥挥手说“再见”等。利用这种爱模仿的特性，趁机教孩子各种配合手势的单字，并反复的练习，这样孩子就记住了。

⑤ 让孩子的目光跟随着妈妈

孩子总是好奇妈妈在做什么、说什么，因此，不妨让孩子跟妈妈往同样的方向去寻找目标，让孩子自己亲眼、亲耳确认妈妈口中说的与看到的是相同的事物，可培养孩子的辨识联想能力。

⑥ 让孩子在日常生活的声音中学习

孩子不需要生活在过于安静的环境中，生活中出现的电视机的声音、炒菜做饭的声音、洗碗洗衣的声音等，都可以让孩子感受生活，在生活中学习知识。家长可以边做家务边和孩子说话，这样可以生动地告诉孩子许多物品名称、生活常识，让孩子在不知不觉中就学习到很多知识，这也是一种良好的亲子互动方式。

⑦ 鼓励孩子表现自己

跟孩子玩手帕游戏或鼓励孩子把两手伸直说“抱抱”，或找玩具等，让孩子表现自己，这对于日后勇于自我表达的说话能力有很大的帮助。

2.1岁～2岁

这时期的孩子多半已经会走路，相对也更加明白家长所说的意思，也会说比较多的单字。从这个时期起，妈妈和孩子的交流对话丰富而频繁，孩子学说话将更快。

① 让孩子练习正规发音

把单词的发音嘴型做给孩子看，反复几次以后，孩子也会试着发出正确的音了。

② 让孩子用尽量多的词语说话

1岁以前教的“花”、“水”等单字，现在起就要教孩子用尽量多的词语说话了，如“好漂亮的花”、“我想要喝水”等，利用孩子已经学会的字加入新字逐渐成句子，让孩子练习真正的说话方式。

③ 配合肢体语言来说话

与孩子说话时，配合肢体语言辅助引导孩子，如用手指身体的各部位，配合说话，或者边做“坐、跑、站、跳”等动作，边说这些单字，不但增加趣味感，也让孩子更容易记忆。

④ 家长要有耐心

这阶段的孩子对家长的话似懂非懂，自己所会的单字语言也有限，但偏偏又非常爱表达。这时家长就必须很有耐性等孩子慢慢地说，降低孩子的挫折感，才能顺利让他升级到下一个说话的阶段。

⑤ 经常带孩子去外面

带孩子去公园散步或坐车等，并配合教孩子说相关的字句。也许孩子无法一时间马上记住，但让孩子接触更宽广的视野，也是奠定说话基础的必要步骤。

3.2 岁～3 岁

这个时期的孩子，会的单字虽然多，但还无法用完整的句子来表达自己的思想，也总是反复说着“那个”、“不是”等字句。这时必须开始用叙述及形容的句子，把教孩子说话引向更高层次。

① 引导孩子说话法

如果妈妈要回答孩子的说话，也尽量使用连结性的句子，当孩子说“那个、那个”，即使妈妈知道“那个”是什么，也必须回答“是这个饼干吗？”或“是放在桌上的玩具吗？”务必引导孩子再回答出“对，是那个饼干”等句型。妈妈此时的目的在于训练孩子开口说话，而不是拿“那个”饼干让孩子闭嘴。

② 长句子要让孩子听明白

当妈妈说较长的句子时，得注视孩子的反应，配合明显的肢体动作，段落清楚地说给孩子听，来训练孩子的“听懂”能力。

③ 多表扬孩子，增加孩子的成就感

当孩子能说出较长的句子，或者说出新学会的单词时，都要马上给孩子一个表扬，然后再附和地说一次，孩子就会清楚知道自己的表达正确，应由此产生了成就感，这样他就更愿意说话了。没有什么能比家长的表扬更让孩子开心的了。

小贴士

常常有这样的情形：一些孩子说的话只有他妈妈才听得懂，别人要了解孩子说的话还得先通过妈妈“翻译”。为了避免这种现象，也为了让孩子能增加信心跟外人交流，平常就得训练孩子发出正确的音和正确的单字或句子，而不是只有母子俩才知道的幼儿式语言。

No.9 “贵人语迟”毫无道理

儿科医生指出：有些年轻家长在发现孩子说话比同龄孩子要晚一些的问题后，总是抱着再等等的态度，担心过早地寻求帮助会给孩子的心理造成影响。他们没有意识到耽误就诊的害处，因为只有及早发现问题，才能及早治疗，而民间那种“贵人语迟”的说法，只是无稽之谈。

事实上，孩子交谈的早与晚，虽然存在着个体差别，但更主要的是后天情况的影响。

诸多情况表明，如果在家长给孩子恰当的教育和关心后，孩子的说话能力随长大而增强，尽管可能比同龄孩子晚 1～2 个月，也属正常。可是，有些孩子交谈时吐字不清，家长也不加注意，那就可能造成今后的话语障碍。

孩子的说话有一个过程，如 1 周岁内孩子的发音一般是简单的单音，1～3 岁后就能比较明白地表达本身的要求了。若是 3 岁时孩子的发音仍不清晰，甚至别人听不懂，那就有问题了。造成孩子语言发育障碍的原因主要有两个方面：

① 孩子有先天性发育异常，例如软腭或舌系带过短，影响正常发音。这可由早期发现和医疗处置矫正。

② 后天情况不良，例如家长对孩子说话没有进行良好的启蒙，孩子的不良说话习惯未被家长重视、及时改正，致使说话发育迟缓和发音不清、口吃等问题发生。

那么，家长要怎样做才能避免孩子“贵人语迟”？

1. 多和孩子说话

想让孩子早一点会说话，就要与孩子多说话，比如，每当喂奶的时候就告诉他：“妈妈，妈妈，我是妈妈”；爸爸和孩子玩的时候告诉孩子：“爸爸，爸爸，我是爸爸！”直到孩子会有意识地叫“爸爸”叫“妈妈”。孩子说话早晚智力水平也是不同的，1 岁前两个月的孩子的智力水平就比一岁后两个月的孩子高出近30个百分点，这个时期对于孩子以后语言的发展影响更大，千万不能忽视。

2. 鼓励孩子说话

孩子会叫爸爸、妈妈，在心理学上称为语言的起点，标志着孩子已经具备了语言思维能力，同时社会化能力也前进了一步，是一个飞跃性的变化，这是很了不起的，能使周围人受到鼓舞的。对于这件事产生的反应不同，也会使孩子语言能力发展受到影响。假如反应积极而热烈，孩子说话的愿望会更强；如果消极而冷淡，他对于说话也不再有兴趣。因此，家长的态度的确对孩子语言发展关系重大。

3. 在点滴中教孩子说话

改正说话问题时，家长不要训斥或调侃孩子，要耐烦地做示范，也可让孩子听广播和电视里播音员的发声，并鼓动勉励孩子仿照准确发音。发现孩子在仿照不良发音，如仿照口吃者及方言等时，要实时避免，并把准确的发音告诉孩子。不然，到学龄甚至成年后再矫正不准确发音，就难以奏效了。

小贴士

2～3岁的孩子如果出现即使很简单的词语搭配不当、大多数时候听不懂孩子在说什么、无法和其他的小朋友交流和玩耍、听不懂别人的问题、认不出或者叫不上常见的东西的名字这样的情况，那么，家长们就该提高警惕了——孩子可能有一些语言障碍，家长要及时发现，及时给予引导，必要时要到医院看相关医生。

Part 3

习惯的养成，习惯决定孩子的命运

3 习惯的养成，习惯决定孩子的命运

美国著名的心理学大师威廉 · 詹姆士曾说：“播下一个行动，收获一种习惯；播下一种习惯，收获一种性格；播下一种性格，收获一种命运。”所以，家长想要孩子成为优秀的人，就要从小培养孩子良好的行为习惯，为收获命运的精彩而打好基础。

No.1 培养孩子良好的生活习惯

英国哲学家培根说过：“习惯是一种顽强的力量，可以主宰人的一生。”可见习惯对人的一生的重要性。好的生活习惯不仅关系到孩子的身心健康，而且关系到对孩子的自信心、意志品质、交往能力等方面的培养。

幼儿期是孩子身心发育，特别是大脑结构和各种机能发展最为旺盛的时期，更是良好生活习惯形成的关键期。在这个阶段，孩子极易接受外界影响，而且所形成的一切是非常牢固的，并将成为人的第二天性。这一时期一旦养成良好的生活习惯，确实能让孩子终生受益。

良好的生活习惯不仅关系到孩子的身心健康，而且关系到对孩子的自信心、意志品质、交往能力等方面的养成。例如：有的孩子没有养成饭前便后洗手的习惯，有的孩子有吃手指的坏毛病，还有的孩子爱挑食，这些都会影响孩子的身体健康；高质量的睡眠能保证孩子有充沛的精力参加各种学习和活动，饭前便后洗手能让孩子养成讲卫生的好习惯，不让孩子挑食能使孩子均衡摄取各种营养，让身体健康发育。

那么，家长应怎样培养孩子良好的生活习惯？

培养孩子良好的生活习惯

生活习惯，包括良好的卫生习惯、饮食习惯、睡眠起居习惯、与孩子生活有关的行为习惯等。养成孩子良好的生活习惯需要从小处开始，家长要从细节入手：

对于孩子吃饭问题：教孩子正确地使用餐具，独立进餐；让孩子进餐时不大声讲话，不东张西望，专心进餐；养成孩子不挑食、不偏食、不剩饭的好习惯；让孩子按要求定时按量喝水。

对于孩子睡眠习惯问题：睡前大小便，独立安静地入睡；掌握正确的睡眠姿势，（右侧卧睡或仰睡）；养成早睡早起的作息习惯。

对于孩子自理能力．养成饭前便后洗手的习惯；玩具、图书不乱扔乱放，会自己整理收纳玩具；学会有序地穿脱衣服；不穿反鞋，会系鞋带；参加一些力所能及的劳动。

培养良好的生活习惯贵在坚持，在各方面不断重复和练习。我们在生活中经常会看到这些现象：积木玩过就随地扔，进餐后满地是饭菜，这都是没有养成良好生活习惯的后果。

培养孩子良好的卫生习惯

人的习惯有一种定式倾向，就是喜欢用熟悉的动作、语言和思维去处理事务，因为熟悉的办法最省力，所谓“轻车熟路”孩子也不例外。而且，良好的卫生习惯不是一朝一夕就可以形成。要培养孩子卫生的行为习惯，必须从小抓起。

从他有了自理能力的时候起，要让孩子从小学会自己起床，脱穿衣服、鞋、袜，学会洗脸、洗脚、漱口、刷牙，学会摆放、洗刷碗筷、收拾饭桌，会自己取放玩具、图书、其它用具等。

注重良好的家庭教育

培养孩子良好的生活习惯，家庭教育有着很大的作用。著名教育家陈鹤琴指出：“良好习惯之养成与否，家庭教育应负重要的责任。”

1. 良好的家庭教育环境有熏陶作用

良好家庭教育环境有利于孩子身心发展，家长要努力创设和保持一种和谐愉快、互相尊重的氛围。孩子在这样的家庭中才会感到温暖愉快，情绪稳定，得到爱心的熏陶，萌发自信心、上进心；而且优美整洁的家庭环境，会使孩子从小萌发爱美爱整洁，爱护物品，生活有规律等良好行为习惯。家长要让孩子养成行为一致性，幼儿园老师要求孩子怎么做的，在家里家长同样这样要求孩子。这样，才能巩固良好行为习惯。

2. 家长要科学引导孩子养成良好行为习惯

孩子是用自己的眼光看世界，孩子进入社会的第一步就是和家长的接触，由于孩子的可塑性、模仿性强，家长的言行举止，对孩子的成长起着潜移默化的作用。家长是孩子的一面镜子，一言一行，一举一动孩子全看在眼里，记在心上。因此，家长要充分重视耳濡目染的作用。要为孩子创设一个可供他们更多地模仿、学习的生活环境，采用恰当的教育方法，不能简单粗暴地批评，指责。在对孩子提出要求时，要注意循序渐进，不要强制。

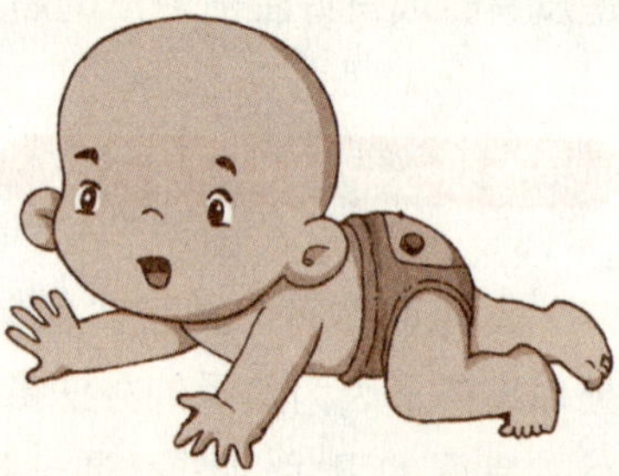

3. 尊重孩子的自尊心

孩子的思想很简单，对于什么是对的什么是错的、什么是该做的什么是不该做的，没有一个清晰的概念，需要家长正确地指导，慢慢地引导。但孩子也有自己的自尊心，一味地责怪，只会造成孩子的逆反心理。

著名的生理学家巴甫洛夫曾经说过：“各种各样的习惯都是一种连锁条件反射系统。”可见养成良好习惯既要按一定的要求去做，还要长期坚持，不能间断，只有坚持不懈的努力，才能使良好习惯逐步养成。

小贴士

家长在培养孩子良好的生活习惯的过程中，不能一味地要求孩子做这做那，别忘了在孩子达到自己的要求后及时的鼓励和夸奖一下孩子的良好行为，这样他更有成就感，他就有了坚持的动力。对于孩子不良的表现，家长也要及时纠正，否则日久天长也就形成了另一种“习惯”。

No.2 饮食定时、定位和定量的习惯

幼儿专家指出：“幼儿甚至学龄期的孩子，吃饭要家长喂，不愿自己动手，或者存在挑食、偏食、厌食的现象，很多家长的做法不是大声训斥，就是放任孩子。实际上，孩子吃饭难的问题，多数与孩子早期饮食及教育不当有关，家长应该负很大责任。婴幼儿时期是建立和培养良好饮食习惯的关键时期，如果这一时期教养不当，不良习惯一旦形成，以后要改非常困难，所以家长要培养孩子良好的进食习惯。”

孩子的任何好的或不好的习惯都不是生来俱有的，而是受家庭和社会环境影响逐渐形成的，饮食习惯则主要由家长自幼培养。专家认为，现在孩子的偏食与挑食，不按时吃饭，其根源在家庭。

家长给孩子吃的食物单调，孩子长大后便会对很少吃过的食物产生厌恶。有的孩子一次吃某种东西太多，伤了食，以后也会不愿意吃，甚至表现为拒食。挑食与拒食还同家长不正确的奖惩有关，孩子为达到某种目的（如讨要玩具），以吃饭作条件要挟家长，家长让了步，久之，孩子便养成了习惯；家长本人偏食，或者当孩子的面，说什么东西好吃，什么东西不好吃，也会影响孩子的心理与行为。

所以说，孩子不正确的饮食行为与习惯，是自幼在家庭里形成的。良好的饮食习惯，需要家长从小培养。家长既要按平衡膳食理论安排好孩子的日常饮食，更要着力教会孩子定时、定位、定量地吃，使他们知道如何科学地获得合理营养，同时要培养子女具有良好和文明的饮食习惯。

那么，家长具体要怎样做，才能培养孩子正确的饮食习惯？

培养孩子定时、定量、定位的吃饭习惯

从孩子还是小婴儿时，家长就要在固定的地方、坐固定的椅子给孩子哺乳，即定位喂养。待孩子长大一些，开始添加辅食时，也应在同一位置，让孩子用固定的小桌椅及固定的杯、勺、碗等餐具给孩子喂食。这样，孩子容易形成条件反射，一到这个环境，就知道该吃饭了。家长还可以在孩子每次吃饭前，用同一个语言让孩子从心理上作准备吃饭。孩子到3～4个月时，可以添加辅食了，吃饭时间也可以渐渐相对固定，做到定时喂养。

但应注意，时间的间隔应按宝宝的胃排空时间而定，喂米糊、菜泥等混合食物4小时1次。定时吃饭可形成时间条件反射，促使食欲保持旺盛。每次进食的量也应该大致相仿，即定量喂养，但可随着孩子长大而逐渐增多。这种有规律的吃饭习惯养成后就不易更改。

让孩子做好吃饭准备

饭前做好心理、生理上的准备，对孩子开心吃饭也非常重要。因此，每次饭前半小时，家长就应亲切地告诉孩子，吃饭时间到了，让孩子停止正在玩的游戏，做好饭前准备，如洗手、戴围嘴。

当孩子稍微长大些的时候，不妨让孩子到厨房去帮助妈妈打打下手，还可以让孩子自己想一个菜谱，提高孩子吃饭的主动性和积极性。这些参与的办法，都可培养孩子对吃的兴趣，刺激孩子的食欲。需注意的是，饭前不要让孩子剧烈活动或者过分兴奋，孩子吃饭需要宁静平稳的情绪。

培养孩子不挑食、不偏食

挑食、偏食会造成孩子摄取营养不均衡，不利于身体发育和成长，甚至带来营养不良、贫血等小儿疾病，对孩子将来的发展极为不利。所以，

家长要培养孩子良好的饮食习惯，多给孩子讲解各种食物的营养知识，启发孩子对食物的好奇心，培养孩子对食物的兴趣，引发孩子的食欲，合理安排好一日三餐，以免影响孩子成长和智力发育。

吃饭时间不要过长过快

当吃饭的时间过长时，会使孩子兴奋减弱，消化液分泌减少，从而影响食物的消化和吸收，而且进食时间过长，孩子也不能长时间的集中注意力认真吃饭，也无助于消化吸收；而进食过快，会导致食物没有经过充分的咀嚼就进入胃里，从而加重了胃的消化负担，还会导致咳嗽、呕吐等现象。所以孩子吃饭速度、时间要适中，不能太长太快。

家长要言传身教

家长是孩子的榜样，应言传身教，不偏食、不挑食，带头尝试新食物。家长还应带头营造愉快的吃饭氛围，孩子吃饭不顺利，家人的态度、办法应一致，不要当着孩子的面发生争执，那样会使孩子无法适从，同时自己也降低威信。要记住，孩子的眼睛和耳朵时时在注意着自己。

要让孩子吃得香，说难也难，说容易也容易，关键是看家长是否掌握了正确的方式、方法，是否有耐心、信心以及恒心。

小贴士

在孩子的婴幼儿期，就应给孩子多喂各种味道的食物，让孩子的舌头尽早习惯各种味道的刺激，这样能促进味觉发育完善，产生良好的适应性。科学研究表明，味蕾是有记忆功能的，儿时吃过什么，长大后仍喜欢吃什么，这种情况就是一个明证。

No.3 养成尊重他人的习惯

2 000 多年前，亚里士多德就曾教导他的门徒："你要别人怎样待你，就得先怎样待别人。"春秋的孔子也曾这样教育弟子："己欲达而达人，己欲立而立人。"尊重别人和获得尊重是一个问题的两个方面，最根本的方面是主动地奉献，主动地付出。因此，要让孩子从小学会把尊重、理解和爱献给别人，把自己最渴望的献给别人，这样他才能获得被人的尊重。

尊重他人是孩子在成长过程中必须学习的。只有孩子懂得了自尊与尊重别人，将来才能更好地融入到社会生活中。

如果孩子发生不尊重他人的行为，家长应负很大责任，那就是你的教育和影响不到位。不少家长对自己应具有的家长权威态度模棱两可，甚至片面地认为，在家里对孩子限制太多，会让孩子今后难以适应社会。于是，这些家长在生活中向孩子过多地渲染家长与孩子间的朋友关系，有时还会在孩子面前随意抱怨他人，而这些言行其实是在向孩子发出了一个信号："没有谁是权威，不尊重他人是可以的！"以至在孩子的心目中也就几乎没有了"尊重"的意识。要想孩子尊重别人，首先要教会孩子要尊重家长。

要在孩子面前树立权威性

有时一句"照我说的去做"显得简单而又生硬，虽然这是家长想要表达的中心意思，不妨采用一些既能明确表达出家长的威严，又对孩子尊重和爱的话语，例如"如果我不管你活动的时间的话，我就没有尽到做妈妈的责任。"在生活中应不断用明确的语言进行强化，家长在某些方面的权威是不容置疑的，在家里应是家长说了算。

不要和孩子讨价还价

家长首先要让孩子知道自己是孩子的长辈。如果要求孩子做什么事，应简单地发指令给孩子。例如对孩子说："把电视关掉，现在该吃饭了。"

不需要罗列各种理由，也不要和孩子讨价还价。这与“民主”不处于同一个界面。如果孩子不愿意服从指示，家长应坚持自己的立场，因为多数孩子一旦发现争吵没有作用，他们就会自我约束了。

教孩子学会用尊重他人的语气说话

有的家长认为，自我表达意识强是一种健康行为，便允许孩子用大哭大闹的手段来发泄情绪。其实，多数孩子在顶撞了家长后会感到内疚和害怕，如果家长对孩子的无理行为无动于衷，渐渐地孩子就不再关心自己的行为是否伤害到了他人。家长要明确地向孩子表达“应尊重他人”的想法，要跟孩子说：“我不喜欢你用语言去伤害别人”或“你应为你说过的伤人的话道歉”等。

给孩子示范尊重他人的方式

家长应让孩子懂得，感激别人是显示对他人尊重的一种方式。例如当着孩子的面，称赞他老师的认真负责；还可以和孩子一起为家里过生日的长辈准备一份小礼物、感谢的话。这些小小的举动，都是向孩子传达的是：孩子心中的权威的人都在为了孩子在付出，他们是值得我们尊重的。

尊重孩子——给孩子做榜样

这里有一个例子：

那天，西西家里来了很多爸爸的客人。到了吃饭时间，大人们都动身往门外走。就5岁的西西站着不动，妈妈上前叫她，她撅着嘴说：“我不去吃，就在家里。”平时女儿是很懂事的，今天怎么了？

妈妈耐心地说：“这么多叔叔阿姨等着你，你也去，好吗？”女儿听了，还是不吱声。妈妈又问：“那你为什么不想去，能跟妈妈说说吗？”女儿这才吞吞吐吐地说出了理由。

原来，客人中有几位特别喜欢喝酒抽烟，一喝就挺长时间，还满屋子的烟味。女儿曾经跟他们出去，等他们吃完饭，女儿已经睡着了。

妈妈终于知道原因了，于是对西西说："其实，你可以吃完饭就回家的，把你的想法说出来，我想爸爸妈妈就知道怎么办了。但是如果你不说出来，而是赌气，爸爸妈妈就会认为你不听话，甚至无理取闹，这样是不尊重我们，你知道吗？"女儿点点头，就和大家出去吃饭了。

吃完饭，妈妈和西西先回家，爸爸留下继续陪客人。

身教重于言教，家长在引导孩子学会尊重的同时，自己也要言传身教，做孩子的榜样。同时，家长也要注意尊重孩子，只有孩子感觉到被尊重，他们才会尊重别人。家长的榜样对于孩子来说是最好的教育了。

小贴士

教孩子尊重别人可以从教孩子讲礼貌开始，例如，见面主动问候"您好"、"您早"；当得到帮助时，要说声"谢谢"；当无意中做了有碍于他人的事，如不小心碰到他人，就要说声"对不起"或"请原谅"；对人有某种要求时应用"请"等。从小培养孩子尊重别人的意识。

No.4 彻底改掉孩子偏食挑食的毛病

专家指出：谷类、奶和奶制品、蛋、肉类、鱼类、豆类和豆制品、蔬菜和水果，都是中国人全面均衡的饮食结构中不可或缺的食物，不吃其中任何一类，都会引起营养不均衡，从而导致疾病。例如不吃肉类，会导致缺铁性贫血；不吃青菜，会导致B族维生素缺乏和膳食纤维不足等等。可见，孩子如果偏食的话，对他们的生长发育和身体健康都是很不利的。

孩子的身体发育需要大量的均衡的营养，这些营养是保障人体机能进行正常活动的物质基础。人体需要的营养主要有六大营养元素，分别是：蛋白质、脂类、糖类、无机盐、维生素和水，这六大营养元素缺一不可。

但现在的孩子最大毛病之一就是挑食偏食，不是不爱吃青菜就是不喜欢吃鱼肉，于是造成了孩子在前面跑，家长在后面拿着饭碗追的现象。而且有的家长知道孩子挑食偏食会营养不良，但他并不教育孩子要改掉这个毛病，而是给孩子买大量的维生素来补充，希望能得到同样的效果，但殊不知食物里所含有的丰富营养是任何药物所代替不了的，所以依然会造成孩子营养不良，影响孩子健康成长，导致儿童疾病缠身。

那么，家长怎样才能改变这个“老大难”？

家长首先要重视起来

孩子偏食挑食，从孩子方面说是任性；从家长方面说是放任孩子的任性。为此，家长首先要重视孩子的挑食偏食毛病，不能听之任之，孩子说不吃就不吃。要针对孩子偏食的各种表现，分析其原因，让孩子知道一定的营养知识，并在此基础上，讲求膳食平衡，合理安排一日三餐，再加上以必要的保健食品，这样才能保证孩子身心健康的发展。只有家长重视了这个问题的严重性，才能很好地督促孩子改正。

和孩子沟通，了解孩子挑食偏食的真正原因

纠正孩子挑食习惯，也要先找出原因。如果孩子是吃了某些食物有过敏性反应或吃了感到恶心，就不要勉强让孩子吃，说明孩子对某种食物不适应；如果是因为孩子太过挑剔，就该设法慢慢地帮助孩子改掉这个毛病。

家长以身作则

要教孩子不偏食，家长应该带头不偏食，千万不要在孩子面前说“这个菜我不爱吃，那个菜不好吃。”对孩子不愿吃的菜，可先叫他少吃一点，以后慢慢加多，习惯了就好了。家长还可多动脑筋，多换花样，把食物做得美味可口一些，以引起孩子的食欲。

营造良好的用餐氛围，并积极鼓励孩子

有个妈妈这样说：

“菁菁以前特别不喜欢吃胡萝卜，问她，她说不喜欢那个味道，怎么也不喜欢吃。每次吃饭，总是把碗里的胡萝卜挑出来。胡萝卜是很有助于孩子成长的，所以不吃怎么能行呢，于是我并没有强行把胡萝卜放到她碗里或狠狠地批评她。而是我自己跟着菜谱多学了几个花样，改进菜的味道。而且告诉她胡萝卜有很多很多种营养，告诉她小白兔就是爱吃胡萝卜才会跑的快。她小时特别爱动，一听这个很乐意就吃了。每次她吃得时候我都会告诉她：‘我们菁菁将来会比小白兔跑得还快呢。’她一听可高兴了。”

不管是什么原因，家长切忌在孩子用餐时恐吓、责骂和惩罚孩子。因为那样会使孩子产生恐惧、担忧、愤怒等负面情绪，这都会直接影响孩子的食欲。家长应善于营造用餐时的愉悦氛围，使孩子心情愉快，乐于进食，并积极鼓励孩子。

一日三餐要科学合理的搭配

孩子要茁壮成长，必须全面补充营养，平衡膳食，合理搭配一日三餐。

早餐要吃好。早餐很重要，上午消耗的热量主要由早餐提供，因此宜进食热量较高、体积较小的有营养的食物，如牛奶、面包、果酱、豆浆、芝麻酱等。

午餐要吃饱。午餐是一天中的正餐，从午餐到晚餐间隔五六个小时，因此午餐应在主副食品的搭配上多下点工夫，做到粗细杂粮、荤素菜肴均衡全面，以保证孩子能精力充沛一下午。

晚餐要吃少。有的家庭因种种原因，早餐凑合中餐马虎，只有晚餐最丰盛，这种做法不可取。孩子在晚餐后一般只做些轻微活动就睡了，晚餐吃得丰盛、过饱，既加重消化器官的负担，又使过多食物转化为脂肪，容易引起肥胖，影响睡眠，长此以往就容易形成消化不良等疾病，并且形成恶性循环。所以晚餐要少吃，要少吃富含脂类的食品，多吃蔬菜、水果等低热量、高纤维食物。

适当给孩子补充保健食品

一般说，只要孩子不挑食不偏食，父母又能科学合理地安排一日三餐，基本上可满足所需营养。但有些食物孩子的确接受不了，而且有些在现代的农业条件下生产出来的农产品的确不如以前更安全，更有营养，特别是各种微量元素不足，不仅导致地方病蔓延，也造成各种疑难病增加。因此，家长还是需要适当给孩子补充一些保健食品的。在选择保健品的时候，一定要注意选择符合国家卫生标准的、正规厂家生产的，确实是孩子平衡营养所需又确有实效的保健食品，而绝不可以随随便便跟着广告走，免得上当受骗。

小贴士

日常生活中，只要家长细心观察，就能发现孩子喜欢吃什么。添加适当的调料，例如酱油、醋、麻油、糖等；烹调方法也可以多样化，蒸、煮、炒甚至煎，都可以。一成不变的食物也不能引起孩子的食欲。对于孩子不爱吃的食物，品种、形状、花样名称等都要多样化。肉可以做成炒肉片、蒸肉饼、包成馄饨或肉包子，瓜菜可切成丁、片、丝、块，几种颜色的瓜菜搭配形成鲜艳好看的图案，孩子看到就有兴趣吃。

No.5 杜绝孩子乱放东西的习惯

任何一种习惯，都反映着时间的积累，良好的与不良的习惯概莫如此。相对“乱放东西”而言的习惯自然也是从小就养成的。因此，家长不能在孩子小的时候放任他这种行为，要在孩子小的时候就要求他东西从哪拿的放回哪去。孩子越小，这种习惯就越容易塑造。孩子如果从小到大都依赖惯了，什么都不用他来整理，上学后他自然也难以做到“管好自己的事情”了。

有的孩子总是爱乱扔东西，把东西弄得满屋都是，家长总是要跟在后面收拾；也有的孩子会将自己的东西放得整整齐齐，不用家长操心。无论哪种行为都不是天生的，而是从小培养的。孩子在 2 岁左右时总爱把玩具捡起来交给家长，这是想证明自己能干，以博得家长的夸奖。一般来讲，小孩子不会有自行收拾东西的习惯，如果家长再不注意对孩子从小培养，而是包办代替，日后就会影响孩子的独立生活能力。

那么，家长要怎样杜绝孩子乱放东西？

要从小培养孩子收拾东西的兴趣

在孩子小的时候，不仅让他对玩具感兴趣，而且要鼓励他对收拾东西、叠衣服、码好玩具箱等产生兴趣。家长可根据孩子的年龄，用“比赛”的方式，同孩子一起收东西，整理玩具箱，把玩过的东西放回原处。

家长要言传身教

假如家长马马虎虎，随手乱放东西，家里经常乱七八糟，在这种环境下就不能培养出孩子爱整洁的好习惯。因此，家里的衣服、用品、文件、书等都要固定并摆放整齐，并且用后及时放回原处。你生活得井井有条，孩子自然会接受这样的要求。

为孩子的行动提供方便

家里为孩子存放东西的柜子、箱子、抽屉等用具都应让孩子够得着，摸得到，用得上，特别是孩子常玩、常用的东西要让他容易找到，这样孩子便能自己照顾自己。独立的生活能力不是一时之间养成的，需要家长为他们做许多必要的考虑。

家长要具体指出孩子哪里做的不对

对孩子的培养教育要具体，不要讲他还不懂的大道理，更不要随意训斥孩子“笨蛋”、“废物”，那样会挫伤孩子的自尊心，形成自卑心理，以致怕家长批评而不敢做这做那。看到孩子没收拾好自己的玩具，就告诉孩子玩完玩具要自己收好，从那里拿出来的再放回哪里去，做事有头有尾，下次再玩也好找。这样一件一件的和孩子说，孩子就知道自己哪里做的不好。只是讲大道理会让孩子厌倦。

当各种方法都不管用时，可采取适当处罚

例如：每天让孩子检查东西是否摆放整齐？孩子会因对这些做法感到乏味，而置于脑后。须知，幼儿的“理性”毕竟是有限的，这时就应配合及时得当的“处理”来让他领略“教训”。当然，这种教训应指向他的心理，而不一定是肉体。

比较激励法

小凯经常把东西到处丢，在妈妈督促下，他才勉强收拾一下，过后又忘了。去年暑假，妈妈到他姨妈家，让他和小表哥笑笑玩。笑笑不但学习好，而且自理能力特别强。这时妈妈有意识地当着孩子的面，夸奖笑笑东西摆放得整齐，是个好孩子。从小凯的眼神看得出来，他受到了触动，还有点眼红。为了促动孩子，他们故意说：“小凯一定也会把自己的东西摆放得整整齐齐的，不信就让笑笑到我们家里去看看。”姨妈也故意说：“是吗？过几天我和笑笑一定去看看。”

就为了这句话，小凯回到家还真的马上就开始收拾自己的东西。就在孩子坚持收拾了两周的时间，快懈怠的时候，他姨妈打电话说要来了，小凯的劲头又上来了。

0～6岁的孩子自制力还不强，但他已经懂得与人比较了，给孩子找一个好的学习榜样，可以是他幼儿园的小朋友，可以是亲戚家的孩子，也可以是社区里的玩伴，只要孩子有了榜样就有了进步的动力，家长时常提醒孩子像榜样学习，往往能激励孩子的上进心。但要注意是正面的，即在肯定中比较，否则会适得其反。

小贴士

家长可以给孩子制定一个相对固定的“收拾时间”，告诉孩子要在这一时间整理自己的东西，自己的床以及房间。如果他自己不整理，家长就要整理了，到时把他的“宝贝”当成“垃圾”暂时保存。这样，孩子为了不让家长随便动自己的东西，一般都会接受这个规定的，久而久之，就养成了孩子不乱放东西的好习惯。

No.6 培养孩子节俭的习惯

“俭朴”是中华民族的优良传统。我国历史上众多有识之士在生活上都十分注意俭朴。诸葛亮曾经有一封给蜀后主刘禅的奏疏，谈到自己家庭经济状况，他说：“臣初奉先帝，资仰于官，不自治生。今成都有桑八百株，薄田十五顷，子弟衣食，自有余饶。至于臣在外任，无别调度，随身衣食，悉仰于官，不别治生产，以长尺寸。老臣死之日，不使内有余帛，外有赢财，以负陛下。”

有一对年轻的家长带着刚上学不久的孩子去逛街。在一个繁华的路口，看到报亭，父亲想了一个好办法来教育孩子要懂得节约。因为平时不管怎样和孩子说节约他都不听，还是我行我素，浪费东西没有节制。

于是父亲从口袋里掏出 10 元钱交给孩子，让他去买 10 份报纸。孩子买回报纸，父亲跟他商量：按原价把买来的报纸卖出去，看看能不能很快卖完。

孩子在家长的帮助下，费了不少时间才把 10 份报纸都卖出去。然后，家长让孩子去问卖报的叔叔，一份报纸能赚多少钱。孩子从叔叔那里知道，卖一份报纸只赚几分钱。他算了一笔账，花了这么长时间才能挣几毛钱，而且很辛苦。“爸爸妈妈，我以后可不能随便花钱，也不浪费东西了，挣钱太不容易了。”父亲看着孩子点点头，笑了，因为他知道孩子开始懂得节俭了。

这是一个真实的故事，那对年轻家长经过认真思考，才采取了很有教育效果的方法。他们是家庭教育的有心人。

在一所幼儿园，捡拾的物品堆满了一间屋子，大至书包，小至铅笔、橡皮。幼儿园多次广播，要求孩子们去认领，却没有人去。这情况不能不引起我们深思。

家长不应该忘记中国的古训：成由勤俭，败由奢。成功由勤劳节俭开始，失败因奢侈浪费所致，即使到了很富裕、很有钱的时候，这个朴素的真理也不会过时。节俭是一个人的重要品质，很难想像，一个从小大手大脚随便浪费的人能在学习上细心，将来能创造一番事业。

孩子不懂得节俭，不能怪孩子，家长有责任。社会上的许多传媒起劲儿地宣传吃好、穿好、用好，刺激孩子盲目消费的广告形形色色。家长出于疼爱孩子，迁就孩子花钱自不必说，就连家长自身也往往产生了非合理消费的心理——攀比、从众、追时髦、喜新厌旧等等。

孩子的习惯都是从小养成的，因此家长不能放任孩子的浪费现象而不管不顾，应该及时纠正，让孩子从小就形成这一良好习惯。为了培养孩子节俭的品质，提出几项具体建议：

教育孩子正确认识钱

要让孩子从小懂得钱是什么，钱是怎么来的，怎样正确地对待钱财，不义之财绝不可取。对于年龄小的孩子，应联系实际生活给孩子讲解，多引用一些事例。年龄大的孩子，可以跟他专门讨论钱的问题。

教孩子学会花钱

孩子消费行为是由被动变成主动，从小学低年级开始，就应教孩子买东西，如何用钱，如何找钱，如何选择物有所值的物品。教孩子把钱保管好，防止丢失、被窃。随着年级升高，要让孩子学会先认真思考再花钱，而且逐渐养成习惯，避免盲目消费。有些家长让孩子“一日当家”、“一周当家”、“记收支账”，是教孩子学会理财培养节俭品质的好方法。

教孩子学会积累

孩子手里的零用钱、压岁钱应该计划使用，适当积累。必需的东西才买，可买可不买的不买，把剩余的钱存起来。教会孩子在存钱、用钱的过程中，培养节俭的好品质。

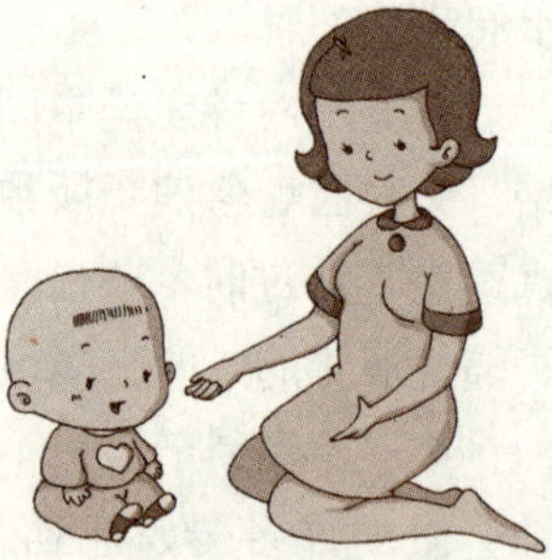

洋洋的妈妈是银行职员，这一行业使她教育起洋洋来也显得格外地得心应手。洋洋 3 岁多的时候，爸爸妈妈送给她一只“招财猪”（储蓄罐），常把兜里的零钱给她，让她自己放进去，并告诉她，这是存给她买书和以后上大学用的，要保管好。她高兴得不得了，而且很珍惜。有时她想吃零食，爸爸妈妈就开玩笑说让她用自己存的钱买，她都会拒绝，说这是我上大学的钱，不可以用。她甚至为此放弃过吃零食。

从小事做起，养成节约的观念

首先，在使用学习用品上要讲节约，不要因为写错一两个字就撕掉一大张纸，不要老是碰断铅笔芯。其次，要在生活细节上养成节约的习惯，如：人走灯灭、一水多用、爱护衣物等。

教育孩子珍惜物品，不浪费

让孩子懂得所吃、所穿、所用来之不易，都是人们用汗水和心血创造出来的，随意浪费资源是不珍惜劳动果实、不尊重劳动的表现。让孩子经常参加劳动，体会劳动的艰辛。

当然，培养孩子节俭的品质，首先应该从家长做起。家长从认识到行为，都应给孩子做出好样子。身教更重于言传！俗话说：有钱要用在刀刃上。节俭的美德是传家宝，在孩子身上应得到继承和发扬。

小贴士

家长可以抓住孩子喜爱听故事这个特点，讲讲革命领袖、英雄人物的节俭故事，如《雷锋的童年》、《朱德的扁担》等对孩子进行潜移默化的影响。也可讲讲贫困孩子的生活，通过生动的故事情节，让孩子联系自己平时的行为进行对照，从而教育孩子养成节俭的好品德。

No.7 养成自我保护的习惯

我国传统的儿童保教观是“保护”、“养育”，儿童在成人的全方位监护下成长，就像温室里的花朵。他们面临突发事件，往往表现出不知所措，缺乏一定的自我保护的意识和能力，从而导致了意外伤害事故的频频发生。

孩子天性好动，好奇心强，喜欢冒险。但由于孩子年龄小、生活经验少，对周围环境可能存在的危险认识不足。为了让孩子远离危险，健康成长，很重要的就是要注意培养孩子树立自我保护意识，学会自己保护自己。

给孩子灌输安全观念

迪迪 4 周岁了。昨天上电梯时，他才进去，电梯门就关上了，怎么也打不开，被独自关在电梯里的迪迪略带哭腔地喊了一声：“妈妈——”我们急了，他爸爸立即喊了一句：“迪迪不要着急，按 5！”我匆忙上了另一部电梯。到了 5 楼，迪迪已经在电梯门口等我了。我欣喜若狂地抱住他，只见他虽然眼睛有点红，但俨然一副“小男子汉”的模样，很沉稳地告诉我：“妈妈，我都着急了，我个子不够高不好按 5，但是我没哭，我踮起脚了。我勇敢吧！”

迪迪独自面对危险能够冷静处理，我想是与我与他爸长期以来一直给他灌输安全观念有很大关系。小时候他喜欢边吃零食边玩，还会发笑，我就很严肃地警告他，不许吃东西时嬉笑；等他大一些，吃冰糖葫芦，或是拿牙签，我们都会随时提醒他别扎到口、鼻、眼睛；他会爬高了，绝不允许他爬窗台，并告诉他一些小朋友发生意外的例子，让他知道这样是很危险的；每天上下电梯，就教他如何防止被电梯夹着，3 岁时就让他踮起脚够电梯里的数字键；在商场等人多的场所走失时，也记住在原地等候，不能焦急乱跑；在路上教他认识红绿灯，教他交通规则，走斑马线；教他不被好吃的、好玩的东西引诱……

在生活中家长随时把听到、遇到和想到的安全和自我保护的知识、事例，及时地讲给孩子，让他树立安全的观念，学会自己保护自己的常识。家长能一直陪伴孩子，保护孩子当然很好，但更应该教会孩子如何保护自己，使自己不受伤害，以及遇到突发性事件时的应对办法。

教孩子正确对待陌生人

1. 学校和家长应教育孩子尽量同熟悉的伙伴在一起

凡独行时路遇陌生人搭话，必须保持必要的镇静和警觉。从多起孩子被拐案件中分析得知，犯罪分子往往对胆小、慌乱不安者下手。

2. 要有意识地把尊敬他人和自我保护区分开

通常的教育中，孩子往往被要求服从和尊敬长者。因此，那些以“关心孩子”、“代为接送”、“让我进来做客”为幌子行骗的不法分子，往往容易在“乖孩子”身上得逞。针对这一情况，在对孩子进行思想品德和礼仪教育的同时，应教孩子学会明辨真伪，保持警觉，提高安全防范意识。家长则常以故事、游戏等形式，告诉孩子目前的治安现状以及犯罪分子常用的方法，潜移默化地教导孩子学会区别对待。

3. 家长在不得不让孩子独处家中时，应仔细叮嘱孩子

若陌生人敲门，不可随意开门，最好的办法是隔着大门告诉对方，父母正在休息，请他以后再来。另外，家长不应让孩子佩戴贵重的首饰、手表等，以免遭遇抢劫，并教导他在万一遇劫时，不要与对方争辩搏斗，而应以自身安全的前提下，寻求脱离危险。

4. 让孩子熟悉自家情况，了解相关情况

家长让孩子牢记父母的姓名、家庭和学校的地址及电话、邮政编码；懂得匪警、火警、交通事故急救等重要电话的打法；知道辖区内或学校附

近的派出所（报警点）位置等。在孩子有可能独处、独行之前，更应教会他们熟记以上这些事项。

让孩子与邻里保持必要的联系

邻居之间若能加强联系，对于保证孩子的安全作用很大。一旦发生意外，如家中失火、遭遇窃贼、煤气泄漏等，孩子立即可以向邻居求助，这一点对于城市的孩子尤为重要。家长应允许孩子去邻居家串门，或与邻居家孩子共同玩耍，增加感情联络；应让邻居知道孩子及自己家庭里的基本情况和事项，以便及时联系；对于那些经常独处的孩子，更应引导他们养成在遇见危险时马上向邻居家求助的习惯。

小贴士

家长要经常教给孩子一些自我保护常识，如到了夏季多雨季节，告诉孩子如何避免雷击的伤害；在家让孩子认识电时，教给孩子正确使用电器的方法；把生活中遇到的各种信号、标志、符号，编进故事中讲给孩子听，使他们掌握必备的安全常识，提高应变和自护能力。

No.8 培养孩子爱劳动的习惯

前苏联著名教育家苏霍姆林斯基曾经指出：幼儿的智力发展应当同时体现在手指的操作、语言的表达和用脑的思考上，动手、动口与动脑三者之间有着息息相关的内在联系。从小给孩子一双灵巧的小手，是促进孩子思维发展、丰富其语汇、增强其自信心的基础和前提。我们不要荒废孩子双手上的智慧，要教给孩子一些实干巧干的方法和技能，并且提供这样的机会，这是孩子学会生存、学会自主的起点。

家务劳动是从小培养孩子爱劳动的基础，这事不能小看。我国的孩子每日家务劳动时间少之又少，这与年轻家长认为“现在孩子小，等他长大了自己会劳动”不无关系。

其实，从小培养孩子养成良好的劳动习惯，有助于孩子完整性格的形成。3 岁的孩子进幼儿园后，他就慢慢懂得了怎样讲卫生、爱清洁、怎样自己的事情自己做，怎样帮助小朋友和从事一些扫扫地、擦桌椅等公益劳动。这些自小养成的劳动习惯，对孩子来说，是会受用终身的。

那么，家长要怎样培养孩子爱劳动的习惯？

不失时机地为孩子提供锻炼的机会和条件

孩子劳动的机会时时处处都有，关键是家长是否愿意放手。在现代家庭中，全家围着一个“太阳”转，不等孩子张嘴、伸手，吃穿玩用一应俱备，孩子失去了很多学习、锻炼的机会。

因此，家长要转变观念，放手让孩子去尝试、去体验他要自己干的、能自己干的事情。家长应有计划地安排孩子参加力所能及的社会服务活动。在日常生活中诸如吃饭、穿衣、游戏、睡觉等环节，要让孩子“自己的事自己做，不会的学着做”，只要没有危险而又力所能及都应让他们去试试，同时应抓住日常生活中每一个可利用的机会，为孩子提供练习的机会。

以鼓励为主，不断提高要求

孩子刚开始劳动时，往往做得很慢，有时甚至“闯祸”，家长不要因此就不让孩子动手，而要给孩子示范正确的动作，耐心教他们怎样做，鼓励孩子坚持劳动，养成习惯。

有这么两位妈妈，他们都很疼爱孩子，可两人观点不同，做法有别，其结果也就各异。面对孩子自己动手叠的并不整齐的被子，一位母亲气冲冲地和孩子喊：“我说你不会，你偏要逞能，躲开！我重新叠。”这个孩子由这之后再不愿尝试着自己做事情了。另一位母亲却欣喜地夸奖孩子：“哟！今天你自己叠被子了，真能干。来，让妈妈瞧瞧！嗯，不错，如果这个地方再整理一下就更好了。”这个孩子受到鼓励，不仅把被子叠得越来越整齐，而且独立做事的兴趣和信心也越来越强了。

由此可见，家长对孩子的动手应多采取积极鼓励的方法，然后再提高要求，使孩子体验到独立完成一件事后所获得的快乐，从而增强其做事的信心。

让孩子成为自己的小帮手

孩子有好奇、好动、好模仿的天性，很愿意学着大人的样子干一些家务之类的事情。所以，家长一定要顺应孩子劳动的积极性，激发他们动手做事的热情，布置一些小任务，比如吃饭前摆摆碗筷、和妈妈一起择菜、外出购物时帮妈妈提提小东西、将同类或同颜色的衣服叠好放在一起……家长带着孩子一起劳动，逐渐地过渡到让孩子独立操作。

游戏中学习劳动

对于 0～6 岁的孩子来说，他的生活就是游戏，而劳动也是一种游戏。要他收拾玩具的时候，可以用一些拟人的语言来形容，孩子更容易接受。你可以这样说："玩具宝宝玩累了，他们要回家睡觉了，让我们送他们回家吧。"开饭的时候你可以说："妈妈当厨师，你当服务员，请服务员帮忙把菜端出去。"当孩子感觉做家务有趣时，他们一定会喜欢。

根据年龄，分配劳动任务

根据孩子年龄分配家务劳动。孩子的年龄不同，动作技巧、认知程度、体力、耐心均不相同，家长让孩子做家务，应视孩子能力来做，不宜超前，以免孩子因挫折而产生抗拒和畏惧感。在劳动中加强指导，多鼓励，少责备或不责备。长辈也可以与他们一块去做，互相帮助，协同配合。

小贴士

当孩子做完一件家务事时，家长要及时地给以肯定和表扬。不要管孩子做的好坏，即使是一件小事，做家长的也应该向他表示肯定，这样可以激发孩子劳动的兴趣，使孩子从劳动中得到成就感及自信心。奖励孩子的时候多用精神奖励，不要用金钱作为交换让孩子劳动，这样做不利于孩子劳动的自觉性和责任感的形成；尤其不要把劳动作为惩罚孩子的手段，那会导致孩子对劳动产生消极情绪。

No.9 培养孩子爱学习的习惯

我国古人历来重视对学习的后天培养，古语有云："玉不琢，不成器；人不学，不知义。"讲的就是玉石不经过雕琢，不能成为精美的器物，人不经过学习，不可能懂得该懂得的道理。足见学习对孩子的重要性。

孩子的学习习惯一定要等到上学后才培养吗？其实并不是这样，家长们可以从孩子出生开始就通过点滴培养、训练，养成孩子爱读书爱学习的好习惯，这对孩子一生都有积极影响。

用爱和早教启迪孩子

家长要给孩子爱和关心，经常拥抱。若他表现出不开心，家长要有反应。同时可以让婴儿趴在地上，借此练习抬头及加强视觉能力。在婴儿头部左方距前大约 30～40 厘米处挂一个会转动的风车，用几种颜色的球体组成，或用不同颜色的各种动物玩具，帮助婴儿集中注意力，学习用眼追踪物件，这对以后阅读能力发展十分重要。

让孩子接触环境，发展智力

多带孩子接触外面世界，并和孩子分享心得；帮助孩子交朋友，联系其他孩子的家长，让孩子一起玩，也鼓励孩子和其他成年人交谈。这些训练，肯定会为孩子以后的学习打下良好的基础。

抱着孩子看书

有的家长认为，培养孩子学习的习惯至少要从识字开始。其实不必如此，现代家长讲究的是在孩子幼儿时期开始慢慢培养其学习意识和学习习惯，由家长带着“读”书——爸爸或妈妈抱着他一起翻看图书，同时讲述书中的故事，使孩子在听的同时，领悟读书的乐趣。据专家介绍，这项活动可早至从孩子1岁前开始。

另外，随着孩子渐渐长大，还可以每天固定一个时间（当然考虑到孩子的生理特点，时间由短到长），由家长和孩子一起看书、讲书，还可以在孩子提出问题时，有意识地引导孩子“咱们去书里找答案”、“咱们看看书上怎么说”，让孩子对书产生浓厚的向往，使读书成为孩子生活中不可缺少的一部分。

培养孩子良好的学习习惯

孩子就要到正规学习的年龄，家长应该怎样培养孩子良好的学习习惯，为他以后的学习打下良好的基础？家长可以试试从以下几点入手：

1. 及时复习的习惯

温故知新，对于智力正处于发育期的幼儿更是如此。让孩子及时复习学过的知识，可以使知识从短时记忆转化为长时记忆。

2. 主动识字的习惯

采用儿童诗识字、韵语识字、词串识字、阅读识字等途径，能为孩子识字提供多样的语境，有利于激发孩子主动识字的愿望。

3. 提前预习的习惯

预习，不但可以缩短孩子在学习上的差距，还能使他在课堂上显得更自信，更有勇气，可以让孩子摸索出自己学习的路径，积累一些自觉的方法。

4. 善于提问的习惯

辅导孩子学习时，多启发鼓励孩子提出问题。对孩子的提问哪怕非常幼稚或是难以回答的问题，都要给以鼓励，并引导孩子自己找出答案，逐步培养孩子的思维能力。

5. 规范书写的习惯

任何时候，包括计算机时代，写一手好字，一手规范的汉字，永远是一个优秀人才应具备的素质之一。

6. 经常阅读的习惯

当孩子有读书的愿望时，家长要及时抓住这个时机，尽一切可能提供一些适合孩子阅读的材料，选文的篇幅宜短小、富有童趣，让“阅读”成为孩子汲取知识的桥梁。

小贴士

家长可以转变孩子的思想观念：要让孩子懂得学习是人生的最大的乐趣，完全是为了他的前途和命运，既不是为家长学，更不是为老师学，如果不好好学习，会毁掉自己的大好前程，正所谓少壮不努力，老大徒伤悲。只有变“要我学”为“我要学”，学习才有乐趣，才有成效。

No.10 分享、合作的习惯

自私，本不是孩子与生俱有的一种品性，而是与家庭教育密切相关。让孩子拥有一份与人分享，与人合作的良好习惯，是家长成功家教的一种智慧，也是家长给孩子受用一生的礼物。因为，在现代社会，不会分享不会合作就等于不能与人相处。

我们经常可以看到许多孩子都不愿与其他人分享自己的东西。有些孩子不喜欢别人分享自己的玩具，别人要是动一下就哇哇大哭；有些孩子总是把大的好的抢到自己手里，全然忘了什么是“孔融让梨”；有些孩子在吃饭时，总是只顾自己吃喜欢的菜，还把它移到自己的面前，别人吃一点都不高兴。

其实在孩子还小的时候，他不能清楚地认识自我，不易将自己的东西和别人的东西分开，常把别人的东西当作是自己的。因此，对幼儿来说，我们不能说他是自私的。但是，随着孩子年龄的增长，自我意识水平的提高，孩子仍然占别人的东西为己有，那就是“自私”意识的表现了。

这与家长的溺爱不无关系。一般来说，家长都疼爱自己的孩子，独生的孩子更被当作掌上明珠。有些家长对子女百依百顺，要什么给什么，不仅如此，还把孩子当成贵宾一样，用给用最好的，吃给吃最好最大的。什么事都先替孩子打算，家中的物品先由孩子挑选，大人、长者皆在其后，这些孩子在家里是这样，自然也习惯地把它带到外面。

当“独占”行为成为牢固的习惯后，孩子就会处处以自我为中心，把自己置于他人之上，认为自己才是最重要的，别人不能“侵犯”自己的利益。做什么事只会考虑自己，不会考虑别人。这就导致了孩子在与别人的交往中以自我为中心，排斥别人、拒绝分享、难以与他人合作、缺乏宽容。因此，家长必须通过教育来改变孩子的自私行为，让孩子学会与人分享与人合作。

那么，家长怎样让孩子学会分享？

与孩子分享他的新鲜事

家长应鼓励孩子与伙伴们交往，在交往中学会分享自己的好玩的事情，让孩子能认识到世界不是以自己为中心的，每个人都有自己的生活。每天晚饭后，可以倾听孩子讲学校中发生的事情，建议孩子换位思考。随着孩子学会接纳别人的观点，感受到别人情绪的移情作用渐趋成熟，从而可以进一步促进孩子对社会认知能力的发展。

与孩子分享他的梦想

家长可以引导孩子大胆地公开他的梦想，给予一些鼓励，即使孩子的梦想看起来有点好笑也不能迎头泼冷水，并希望他进一步与伙伴们一同梦想与交流梦想，在孩子逐步走向成熟的时候承认他的成长与独立。还可以选择一些他感兴趣的好书赠给他，丰富他的梦想，使他了解同龄人的梦想。鼓励孩子参加社会交往与社会实践，让孩子们从中学会客观地看问题，学会全面地结合不同的观点去考虑问题，锻炼孩子与人合作的能力。

与孩子分享他的友情

如果孩子什么都以自我为中心，他或许没有什么真正的知己朋友，或是有些狭隘地希望朋友也只为他付出。家长应该常常与他讨论有关友情的话题，启发他学会分享合作。设计一些情景，问问他会怎么对待朋友，再问问他希望朋友怎样对待自己，做个比较。

如果家长运用以上几种实践活动来训练孩子的分享行为，那么孩子将建立理性的认知、真诚的态度、助人的品格、合作的意识等。

当孩子真正学会了分享，学会合作，他就可以提高社交能力了，从而增强了社会适应性；学会了分享与合作，他才能懂得在“资源共享”中获得“可持续性发展”；学会了分享与合作，他才能重获脚踏实地的自信、勇于自主的独立性。

小贴士

家长可以在孩子还小的时候，就和孩子进行一些交换的游戏，比如在吃水果的时候，让孩子分，告诉孩子大的好的要给长辈和最辛苦的人，让孩子形成一种尊敬老人，尊敬劳动的思想。还应给孩子讲一些小故事，包括发生在他自己身上的小故事，用来激励孩子坚持自己的良好习惯。

No.11 让孩子学会珍惜时间

法国思想家伏尔泰曾出过一个意味深长的谜语：“世界上哪样东西最长又是最短的，最快又是最慢的，最能分割又是最广大的，最不受重视又是最值得惋惜的？没有它，什么事情都做不成，它使一切的东西归于消灭，使一切伟大的东西生命不绝。”伏尔泰是这样解释的：“最长的莫过于时间，因为它永无穷尽；最短的也莫过于时间，因为我们所有的计划都来不及完成。在等待的人，时间是最慢的；在作乐的人，时间对他是最快的。它可以扩展到无穷大，也可以分割到无穷小；当时谁都不加重视，过后谁都表示惋惜；没有它，什么事都做不成；不值得后世纪念的，它都令人忘却；伟大的，它都使它们永垂不朽。”

所谓时间就是金钱，时间有时比金钱还要珍贵，珍惜时间就是珍惜生命。孩子能否安排好自己的时间，与他的学习效率有很大的联系。不珍惜时间，孩子无法合理安排时间，往往是因为缺少自控能力，缺乏不断前进的动力。如果家长在早期教育中让孩子养成了良好的时间观念，在一定意义上做时间的主人，也就等于给了孩子知识、力量和美好的开端。因为善于利用时间的人将会获得高效率，也是最能出成绩的人。

如果孩子的时间观念不强，就不能按事情的轻重缓急来安排时间，而是凭自己的兴趣来安排时间，结果不但造成了不必要的时间浪费，而且还会耽误许多事情。因此，当孩子不善于利用时间时，家长应该掌握一定的方法帮助孩子养成合理安排时间的好习惯。

那么，家长应该怎样让孩子养成珍惜时间的好习惯？

作息要有规律

孩子心理过程的随意性很强，自我控制能力却较差。常常是一边吃饭，一边做别的事情；一件事情还没有做完，心里又想着另一件事情；做事总是缺乏条理。这时候，家长如果不加注意，就会让孩子养成“磨蹭”的坏习惯，久而久之，这种坏习惯会根深蒂固。

孩子意识不到时间的重要性，所以他们一般不知道珍惜时间、更谈不上做事有规律。但是，家长一定要坚持让孩子养成有规律的作息习惯，因为良好的作息习惯是养成时间观念的前提。只有把作息时间固定下来，形成习惯，孩子才能对时间有一个明确的认识，才能养成良好的时间观念。

在孩子的作息时间中，学习的时间一定要优先、明显地固定下来，并且认真执行。这可以使孩子具有一定的紧迫感，集中注意力，从而提高学习效率。

家长一定要注意，在孩子高质量高效率地提前完成学习任务时，千万不可以再追加作业，这样会造成孩子的反感，从而对学习感到厌烦。正确的做法是表扬孩子的高质量学习，并奖励孩子一定的时间来休息和娱乐。

家长可以和孩子开展比赛

在和孩子开展比赛的过程中锻炼孩子的时间观念，比如和孩子比一比在规定的时间内谁吃饭快，谁穿衣穿的快。在比赛的过程中，孩子会有一种时间紧迫感，不想比赛输给家长，会在最短的时间内完成家长的要求。所以，不妨用比赛的形式来激励孩子珍惜时间，让他们明白时间的宝贵，这样会收到很好的效果。

家长要及时鼓励孩子，表扬孩子

表扬比批评能更有效地激发孩子的积极动机，孩子受到的表扬越多，对自己的期望也就越高。所以，家长要经常对孩子说："你如果再快一点儿就更出色了"，"你现在比过去有进步了"，"你看你做得多快"，"做得真棒，加油啊"，"真好，现在用不着老提醒你了"，孩子便会受到正面的鼓励，而这些真诚的鼓励是能够打动孩子的，孩子为了不让家长失望，下次做事就会有意识地提醒自己再快点儿。

小贴士

对于没有时间观念，做事拖拉的孩子，父母要尽量不干扰他的学习和正常作息。在孩子的书桌上尽量不放平日他最感兴趣的非学习用品。家中不要有太多的噪声，要给孩子提供相对安静的学习和生活环境。父母也不要陪读或监督，只需在孩子学习结束后进行检查。

Part 4

性格的培养，性格成就孩子的未来

4 性格的培养，性格成就孩子的未来

性格决定命运。有什么样的性格必然导致什么样的命运。而且0～6岁是孩子学习、成长的关键期，这个时候的教育、培养决定孩子的一生。所以，家长要抓住这个关键时期，积极培养孩子良好的性格，为孩子的成功创造条件。

No.1 培养孩子性格应该把握的基本原则

有人说过："性格即命运"，确实如此。人们都认为性格是天生的，更多是由于先天因素决定孩子的性格。但经过研究有的学者则认为，通过行为是可以改变性格的，性格可以通过后天环境而改变。这就给了我们的家长改变孩子性格的希望，家长要培养孩子良好的行为，以此帮助他们改变性格上的弱点。因此，家长应该在日常生活中培养孩子的性格，特别要注意，幼儿期是培养孩子良好性格的黄金时期。

人的性格是童年期慢慢塑造出来的，特别是母爱对孩子良好性格养成有着巨大影响。比如，一位母亲性格十分暴躁而且十分挑剔，不容许孩子出一点错误，如果孩子犯错，她便大发脾气，对孩子责骂不断，孩子长期生活在这种家庭中，慢慢也形成了暴虐的性格。而且由于母亲的长期责骂也让他产生了严重的自卑心理，长大以后做什么都觉得自己不行，总怕出错，怕挨骂，产生严重的心理障碍。这样的家庭环境对孩子的性格塑造来说无疑是遭难。所以，为了我们的孩子能形成良好的性格受益终生，家长应该掌握科学的教育方法，培养孩子良好的性格。那么在培养孩子的过程中，家长要侧重培养孩子的那些性格？

自立的性格

自立的性格是要孩子在思考、想像和活动中有自己的想法，比较独立，不依赖、不追随别人，能够相对独立地进行活动。独立自主是健康性格的表现之一，它对孩子的学习、生活以及孩子成年后事业成功和家庭生活都具有影响。自立的培养是一个长期的过程，家长要循序渐进地培养，切莫急于求成，对孩子的发展做出过高的、不合理的要求。也不能因为孩子偶尔没有达到你的要求，就横加斥责，需先分析孩子没有达到要求的原因，以科学的准则来衡量，然后冉做出相应的调整策略。

乐观的性格

孩子的乐观首先来自家庭和谐、幸福气氛，来源于家长的乐观自信、幽默豁达，并且将自己的乐观精神感染给孩子。这样，即使在他们以后的生活中碰到困难和挫折，他也能始终保持积极的心态，具备心理承受力，克服困难实现既定的目标，不会因为一点困难而失去生活的勇气。因为乐观的家长已使他相信一切美好的东西。一个有着对自己幸福的童年与温馨的回忆的人，心中会永远溢着希望和快乐。

自信的性格

人的一生没有一帆风顺的，就算家长为孩子做好一切，他以后还是会碰到困难。孩子受到困难挫折怎么办？关键是看孩子对待困难的态度。如果他是乐观的，那没有什么困难可以打倒他；如果他是悲观的，即便机会来了，他也只会畏首畏尾不敢前进。因此，家长不是要给孩子一个保护伞，而是要培养孩子一种乐观的性格，这才是孩子终身受益的财富。

乐于助人的性格

让孩子学会去帮助别人，从中体验乐趣。现在的孩子大多生活在独生子女家庭，往往以自我为中心，他们对人冷漠，一般不愿多与他人交往，生活在自我的小天地里。要想改变孩子这样的性格，平常就要鼓励孩子主动与人交往，主动去帮助别人，要让孩子知道人人都需要关怀和帮助，你去帮助别人，同样，别人也会主动来帮助你。而且，在这种帮助中，能体现自身的价值，心情改善了，对人的看法和态度也会随之改变，从而有利于孩子性格的改善。

开朗的性格

开朗的孩子乐于交际，与人和谐相处，而且兴趣广泛，在与人交往的过程中学到许多知识，训练出多种才能，有益于性格的形成和发展。但是，也有不利的一面，与品德不良的人交往，也会沾染不良的习气，正所谓“近朱者赤，近墨者黑”。因此，要正确识别和评价孩子周围的人和事，不要让孩子与行为不端的孩子混在一起，更不要加入不健康的小团体。要让孩子学会与人互敬、互爱、互谅、互让，善意地评价人，热情地帮助人，努力搞好人与人之间的关系，长此以往，性格就能得到和谐发展。

虚心的性格

要让孩子学会“取人之长，补己之短”。每个人的性格特征中都有好的方面，也有不良的特征，要想让孩子发展更好，就要让他学会虚心向人请教，学习别人的长处。好的使之进一步巩固，不足的努力改造，取人长，补己短，有则改之，无则加勉，久而久之，就能使不良性格得到克服，良好性格特征得到培养和发展。

小贴士

家长可以让孩子自己选择，让孩子自由地做一些选择，是培养他形成良好性格的一个重要因素。这样能锻炼孩子独立思考、为别人着想等方面的性格。当然，家长在大多数事情上不能不做主，但有些事让孩子做决定也无妨。

No.2 培养孩子健康的心理

美国著名心理学家马斯洛认为，心理健康的人具有下列品质：对现实具有有效的知觉；具有自发而不流俗的思想；能悦纳自己，悦纳他人，接受自然；在其环境中能保持自立，能欣赏宁静；注意基本的哲学和道德伦理；对平常的事物能经常保持兴趣；能和少数人建立深厚的友谊，并有乐于助人的热情；具有民主态度、创造性的观念和幽默感，并能承受欢乐和忧伤。

说起健康，不仅是指身体健康，也包括心埋健康。孩子的身体和心理健康之间是密不可分。激烈的情绪波动或持续的紧张等都会扰乱人的生理功能。这种不健康的情绪长时间的持续下去，就会导致心理障碍，甚至引发疾病，或者让孩子出现行为偏差，走上不归路。

到底什么样的心理才是健康的心理呢？心理健康是指个体在各种环境中，都能保持稳定的心理状态。评价一个人的心理是不是健康，并不像检查身体健康那样，它没有一个绝对准确的客观标准。那么，对于对孩子，特别是 0～6 岁的孩子来讲，怎样才算是心理健康呢？

综合国内外专家们的观点，心理健康的标准应包括以下几个方面：

有强烈的求知欲

有强烈求知欲的孩子兴趣广泛，对新鲜事物有强烈的好奇心，喜欢观察事物，喜欢探求自己不知道的东西，对知识十分渴求，才智思维敏捷，敢于提出自己的见解。

乐观向上，情绪稳定

一个心理健康的孩子，他的主导情绪一定是积极向上的、稳定乐观的，并且会经常保持愉快、满意、开朗的情绪。凡事会向好的方面开导自己。对生活，对未来都抱有希望。一个心理不健康的人，总是会生活在消极悲观、闷闷不乐中，精神状态也一定不太好，对什么事都没有信心。

善于与人交往

这类孩子与人交往坦诚、随和，不掩饰自己的喜怒哀乐，乐意接受别人的意见，能与周围的人融洽相处。比如，在学校，他就会努力学习，尊敬师长；在家里，他尊敬家长，尊敬长辈，争取做一个好孩子；在班里，也会和同学搞好关系，互相帮助，广交朋友。

坚强，不怕困难

这类孩子不怕生活和学习中遇到的困难和挫折，从不半途而废。坚定信心，达到目标，还能排除外界和内心的干扰，集中注意力进行学习和工作。

善良，富于同情心

这类孩子乐于帮助别人，关心别人，经常帮助弱于自己的人，对这个世界充满爱意，行为端正，不做损人利己的事。有博爱的精神。

一般来说，心理健康的孩子少有挫折感，即使遇到困难，也能冷静合理地解决，并能在挫折中吸取教训，把挫折变为动力。心理不健康的孩子，则会自寻烦恼，即使遇到一点小挫折，也可能认为是不可逾越的鸿沟。因此，对于心理不健康的孩子，家长要积极引导，让孩子重新拥有健康的心理。

那么，家长怎样才能培养孩子健康的心理呢？

告诉孩子从小立大志

每个人都有自己的理想，尤其是孩子。孩子拥有了自己的理想就有了前进的动力。如果把孩子比喻成一艘海上行驶的船，那么理想就是不让孩子迷失方向的灯塔，它能指引孩子有目标地前行。所以，作为家长就要及时鼓励孩子从小立大志，拥有自己的理想。

当然，孩子还分不清什么理想是能实现的，什么样的理想是不能实现的，这时就需要家长给孩子正确的指导。家长要让孩子了解自己的能力，确立一个适合孩子兴趣及特长的理想，为实现这一理想而努力。

让孩子了解自己

家长要让孩子学会了解自己。曾经有位哲人说过："人最大的敌人就是自己。"所以，只有孩子学会了了解自己，分析出自己的优点、缺点，长处、短处，才能更好地扬长避短，发挥自己的潜力。对于自己不能改变的，比如容貌、生理缺陷、家庭环境等要坦然面对，并欣然接受，而应致力于去改变自己可以改变的东西，取得属于自己的成绩和成就。

让孩子多参与人际交往

心理不健康的人大多在人际交往上有很大的困扰，轻则有孤独感、恐惧感、焦虑感，重则是对人有怀疑、敌对、对抗的举动。每个人都有交际的需要，因为人是群居动物，需要被周围被社会认可，因此，让孩子多与人交往，比如与亲属、朋友、同学交往时能使人在心理上得到认同感，安全感。并且，如果一个人有什么烦恼，还可以对这些人倾诉，不容易积存郁结。

让孩子学会调节情绪

在生活中，孩子难免会受到一些刺激而出现不同情绪，而不良情绪的长期压抑会影响孩子的身心健康，因此要让孩子学会自我调控，排除不良情绪的干扰。家长可以教孩子一些发泄的方法，比如写日记，找家长或是朋友诉说等等。要让孩子学会正当的发泄方式，切记不可以破坏、违法为代价。

家长要为孩子做榜样

家长与孩子建立起良好的亲子关系是孩子心理健康的重要保障。家长能够和孩子进行经常的、有效的沟通，就有利于家长及时了解孩子的心理动态，从而准确及时地为孩子提供情感上的支持，这十分有利于消除、缓解孩子的焦虑、紧张、苦恼及孤独压抑的心理，为孩子的健康成长提供必不可少的行为和榜样保证。

小贴士

和谐的家庭关系对孩子的心理健康有着积极的影响。因此，家长要善于营造愉快轻松的氛围，这对松弛孩子的紧张和不安非常有益；家长之间有着良好的关系，就可以为孩子提供平稳的生活环境。切不可打骂、体罚孩子，这样只会加重孩子的恐惧、逆反心里，不利于良好亲子关系的建立。

No.3 培养孩子做事不磨蹭

达尔文曾经说过：“完成工作的方法是爱惜每一分钟。”英国的教育家培根也曾说过：“合理安排时间，就等于节约时间。”孩子如果做事磨蹭，就是在浪费时间，做两件事的时间就做一件事，可能一件事都没做好。那么，如果孩子养成这种习惯，以后做事情总是不会超过别人的。而这样的结果，意味着与被淘汰很近。

其实，孩子的磨蹭也是有原因的：

1. 注意力不集中

这类孩子通常在家长吩咐做什么事时，并没有集中注意力听，不知道家长在说什么，或是心里想着其他事，做家长要求的事情就显得“漫不经心”，在家长眼里这种行为就是磨蹭。

2. 指令太多

家长有时往往一个命令出去，就要孩子马上做出反应。然而每个孩子发展都是不一样的，有的孩子动作较快，有的是思考较快，当孩子的思考和动作不协调时，家长却又要求一会做这，一会做那的，超出孩子能力范围。此时，家长就会认为孩子磨蹭，而孩子则会认为他已经很快了。家长和孩子的标准不一样，常是孩子被认为磨蹭的主要原因。

3. 没有动力

孩子面对他感兴趣的事，觉得有动力，动作就很快。遇到没兴趣的事就在那里磨蹭，如今天说要去游乐园玩，他可以在3分钟内穿好衣服、袜子，还反过来催大人。如果换成要他去收拾地上的玩具的话，他就开始磨蹭，任你喊破嗓子，他的动作还是依然慢慢悠悠的。

4. 过多指责

通常这类孩子的家长对孩子的要求都比较高，而且急，这样就经常对孩子的行为不满意，并总是指责孩子，导致孩子失去信心，认为少做少错，自然动作迟缓。

5. 依赖心理

孩子都有依赖心理，因为他知道，即使他自己不做或是做的慢了，会有爸爸妈妈来替他收拾，就用不着他做了，所以能偷懒就偷懒。这不能不说是家长溺爱的结果。想要改变孩子这种磨蹭的习惯，家长就应让孩子自己的事情自己做。不能因为忙，或是看孩子收拾慢就代他收拾。

了解孩子磨蹭的心理之后，家长要采取怎样的正确“行动”才能让孩子不再磨蹭了？

做孩子的榜样

家长是孩子的榜样，也是终生模仿的对象，孩子每天都在用眼神观察着家长的一言一行、一举一动，他们模仿着、学习着，往往在你还没有觉察的时候，你的言行举止已经给孩子留下了深刻的印象。如果想让孩子从小养成做事利落的好习惯，家长自己就要用实际行动来给孩子做榜样，以身作则，无论处理什么事情，都要认真、圆满地完成。

对孩子严格要求

坏的习惯，非严格要求不能矫正；好的行为，非严格要求难以形成、巩固。有的家长今天想起来了，就要求孩子做事不能拖拉，有时一忙就忘了，直接帮孩子做了。这样怎么也不能让孩子形成良好的习惯，应该贯彻始终，坚持到底，开始怎样要求，后来要一直执行，这样孩子才不会认为家长只是和他们开玩笑的。

No.4 培养孩子的幽默感

著名幽默家克瑞格·威尔森曾经说过：“在我的成长过程中，幽默是生活中的七彩阳光，没有它，就没有我五彩缤纷的童年，也没有我充满欢声笑语、幸福无限的家庭。”足见幽默感对孩子的成长多么重要。

幽默是智慧的象征。生活中，一个幽默的人常常会非常受大家欢迎。有的家长就想在幼儿阶段开始，培养孩子的幽默感。其实，孩子的幽默感来自家长，尤其是在学前阶段。

具有幽默感的孩子通常很乐观，在生活中不断地制造欢笑，让周围的人感到轻松愉快，自己也会富有成就感和自信。因此具有幽默感的孩子，也较容易获得友谊。

研究发现，幽默感从出生后第1个月便开始了，如：宝宝在家长的逗弄下，便会呵呵地笑个不停；而1岁左右的孩子，会因为玩“藏猫猫”而狂笑不已。孩子幽默感的发展与下面几个因素有关：

1. 语言认知能力

孩子的认知与语言能力发展到一定程度时，“幽默感”便形成了。当孩子听到或看到某件有趣的事时，经过判断后，就会发出哈哈的笑声。注意，孩子的幽默感与成人的幽默感是不同的。

2. 家长的关怀

在3岁前得到家长疼爱与照顾的孩子，会表现出比较好的幽默感。因此，要使孩子成为一个“有幽默感的人”，家长应多给予孩子爱与关怀。

3. 愉快的学习气氛

在孩子成长学习的过程中，若总是处于一个轻松、快乐的学习气氛，会使孩子体验到快乐，并促使他以愉悦的心情来看待周围的人或事物，有利于幽默感的形成。

人与生俱来就有幽默感的因子，如果家长能好好发现并加以培养，让孩子成为一个幽默的人不是一件难事。那么该如何培养孩子的幽默感呢？以下提供一些方法，可供家长参考：

用家长的幽默感染孩子

家长首先要让自己学会幽默，家长的幽默，能起到说教无法比拟的示范作用，能潜移默化地影响孩子成为一个乐观的人，增加他在人际交往中受欢迎的指数。比如家长夸张的笑脸和动作；和孩子捉迷藏时，突然伸出躲在门后的脑袋；或是对孩子的“杰作”发出夸张的叫喊和表情，都会令孩子兴奋不已。

培养孩子的语言能力和想像力

如果孩子想像力缺乏，脑中储存的语汇匮乏，就不能充分表达自己的幽默，所以应着力培养孩子的语言能力和想像能力。家长可以引导孩子多看一些漫画，背诵儿歌、歌谣、古诗。另外，给孩子讲一些有益心智的故事，充分挖掘故事中的幽默因子。

培养孩子快乐和宽容的心态

幽默的心理基础是快乐、宽容的心态，要教育孩子在与人交往时愉悦相处，宽容待人，用幽默解决矛盾纠纷、用幽默提出与对方分享的要求、用幽默提出批评建议。快乐这个本领可不是通过给予高级巧克力、满衣柜的漂亮衣服和耐克就能换取的。家长需要给孩子的思想提供营养，让他们永远走在阳光里。宽容地对待身边的人，这样才能用幽默来解决问题。

让家庭充满笑声

一个幽默的孩子肯定是笑口常开，爱笑的孩子往往善于制造幽默。在日常生活中，家长可多跟孩子玩一些有趣的情景游戏，如躲猫猫、拌鬼脸、找宝贝，让孩子在游戏中充满开心的笑声。

除此之外，也要提醒家长，在培养孩子幽默感时，应注意一些事项：

①幽默感的语言不能伤害他人。

②幽默感的语言要注意诙谐文雅。

③幽默感的动作不能是涉及危险的动作。

④与孩子说笑话或表演滑稽的动作时，要考虑孩子的年龄。

⑤孩子最快乐的莫过于做自己喜欢的事情。

教会孩子幽默，也就教会了他收获快乐的本领和与人相处的能力，让我们的孩子在幽默中健康成长。

小贴士

母亲可以从孩子刚刚满月时，与孩子玩找妈妈的游戏，用一块手绢挡住自己的脸，然后迅速拿开手绢，露出自己的脸，孩子就会冲你笑。等孩子大一些，你就可以和孩子玩躲猫猫，或是和孩子玩找玩具的游戏，孩子会在寻找的过程中获得快乐。

No.5 培养孩子积极进取

赫胥黎，英国著名博物学家，达尔文进化论最杰出的代表。他曾经说过："时间最不偏私，给任何人都是 24 小时；时间也最偏私，给任何人都不是 24 时。"那么，在公平的时间面前，孩子要怎样做？是积极进取，努力奋斗；还是消极待毙，无所事事。想必家长都知道要选择什么了！

积极进取是一种人生态度，更是一种做事方法。积极进取主要强调每个人对自我的正确认识、对周边环境的正确对待、对人生道路的信心和希望。

积极进取是一种奋发向上的精神，他能够让孩子在人际交往中占尽先机。因为绝大部分人都愿意与优秀的人为友，而积极进取的人更能够吸引他人的注意。虽然消极颓废的人也能交到不少朋友，但是，“物以类聚，人以群分”，消极颓废的人能够结识的朋友恐怕对自己也不会有什么好处，甚至可能染上更为不好的习惯。

积极进取是一种心灵营养；而消极的心态，却是心灵的毒药。一个积极心态的孩子并不否认消极因素的存在，他只是学会了不让消极的心态控制自己。一个积极心态的孩子常能心存光明，即使身陷困境，也能以不屈不挠的态度走出困境，走向成功。

那么，家长要怎样从小培养孩子积极进取的精神？

让孩子拥有自己的理想

凯斯是意大利著名的科学家。凯斯小时候因家境贫寒，没有读多少书，而是直接进工厂当了一名车工。可是，对一个小孩子来说，当车工并非一件简单的事情。刚开始的时候，他虽然一窍不通，但很勤奋，从来不错过任何学习的机会。逐渐地，凯斯成了一名技术娴熟的车工。可是，凯斯却不满足于现在的状况。他逐渐对生产机器产生了兴趣，并发现了其中的诸多不足。他决定通过自己的努力改变这些不足，并且做出一番成就。

经过数十年如一日的艰苦奋斗，凯斯不但成为一名非常有名的工程师，还成了拥有多项发明的科学家。而凯斯在自我评价时却说：“我天生条件很差，知识比较缺乏，我取得的成绩完全是靠自己的积极进取和远大理想。但是，这至少也能说明我具有发明创造这方面的潜能。我通过积极地创造，将这些才能淋漓尽致地发挥出来了。”

凯斯的成功启示家长：一个人的潜力是无限的，只要你愿意发挥，积极进取。孩子随着年龄的增长和自我意识的增强，开始探索人生和学习知识，做家长的，应当不失时机地对孩子进行正确的引导和教育，使他们懂得，人活着，不但要有生活理想，而且要有自己的追求和梦想。通过多种方式，激励孩子为实现自己的追求和梦想而刻苦学习，立志成材。

让孩子学会坚韧

人在逆境，要能够坚韧才可以取得最后的胜利。一味的刚强或是不经风雨会易折，所以，家长要让孩子明白，积极进取的态度应该是像松树一样，学会适当程度和适当时候的“弯曲”。这种“弯曲”不是屈服或者妥协，而是为了积蓄能量，为了以后很好的实现自己的理想。不能碰到困难就被困难吓到，要有勇于克服的精神和毅力。

让孩子热爱生活

积极进取的人热爱生活，因为这过程中他体验到了酸甜苦辣，体会到了成功与失败，体会到了不屈不挠的进取精神，同样，家长要想让孩子变成积极进取的人就要让他学会热爱生活，体味生活，在生活中摸爬滚打，在拼搏中实现自己的理想。

小贴士

家长可以经常给孩子讲一些名人的励志故事，让孩子知道人要想成功就要付出努力，而且要有积极进取的精神。经常用这样的故事教育孩子，让孩子认为自己也会变成积极进取的人。久而久之，孩子就会成为这样的人。

No.6 培养孩子拥有自信

高尔基曾经说过：“只有满怀自信的人，才能在任何地方都怀有自信沉浸在生活中，并实现自己的意志。”人的一生不会是风平浪静，只有有自信的人才能做生活的强者，笑到最后。

自信是孩子一生受用的礼物，只有对自己深具信心，对未来充满憧憬，满怀希望，即使人生里有风有雨，都可以顺利度过。研究也告诉我们，缺乏自信、不相信自己的孩子，很难享受愉悦的人生，更无力接受挑战。自信的建立是一种必要，对孩子的未来有深远的影响。

在孩子的成长过程中，没有比让孩子自信更重要的了；而家长在帮助孩子树立自信心方面的作用是举足轻重的。家长看似不经意的几句话，其实给了孩子自信。一个孩子能不能成才，关键是孩子对自己有没有信心。信心是能够传递的，只有家长对孩子有了信心，孩子对自己才会有信心。

那么，作为家长的我们要怎样培养孩子的自信心呢？

用赏识的眼光看待孩子

人，没有完美的人，也没有一无是处的人。孩子也一样。所以，家长应该用赏识的眼光来看待我们的孩了，发掘他身上的优点，肯定他的努力和进步。

有位老教师，身上有个本子，专门记录孩子的优点。他依座号记下孩子的名字，各留几页，记录他们的优秀表现，比方说助人为乐、有美术天赋、口才一流、“鬼点子”多……他的本子里充满赞赏的词汇。在他眼里总是能看到孩子优秀的一面。一个学期后，他买了三十多个本子——“让每个孩子都有个专属于自己的优点簿”。两年之后，他把这些送给他们作礼物。

看来，这位老教师已经送给孩子一生受用的财富了——自信。

适当的给孩子成就感

孩子有成功的表现或得到肯定的评价，就容易建立自信心。家长可经常引导孩子做一些对家庭或社区有益的事，即使只是买东西、取报纸的小事。要知道，正是由于完成了这些生活中的小事，孩子会觉得自己并非无用之人，小小的成就感也会提升孩子的自信心。

不吝啬自己的鼓励

培养孩子的自信心，鼓励和肯定是少不了的。有位教育家说过：“鼓励带来愉快导致兴趣，兴趣带来干劲，干劲带来成就，成就带来自信，自信带来更大的成就。”孩子毕竟是孩子，在受到家长的夸奖时，他不仅心情愉悦，而且懂得了什么是对的，什么是错的，什么是家长提倡的，什么是家长反对的。这样，比我们直接对他说应该做什么、不应该做什么，效果要好得多。

发展孩子的兴趣爱好

把孩子的兴趣爱好发展成为孩子的特长，让孩子通过特长树立信心。比如，有些孩子虽然缺乏自信，但是却能写一手好字，家长让孩子学习书法，钢笔字、毛笔字都行，只要孩子有兴趣去学，肯定会做得很好。同时家长要抓住机会夸奖孩子，让孩子明白自己也是有能力的，从而培养起孩子的自信心。当然，家长也可以通过展示孩子的特长，让其他人来认可孩子的能力，这样更能提高孩子的信心。

宽容孩子的错误

犯错对于我们大人来说都是经常出现的，为什么我们不能宽容自己的孩子犯错。孩子犯了错，他才会吸取经验教训，这样在以后出现类似问题的时候才能做的更好。这些犯错体验，也是孩子树立自信心的必修课。孩子犯错时，家长不要横加指责，而应帮他找出改正错误的方法。这样不仅不会伤害孩子的自尊，还会使他明白，接受和改正错误是件很容易的事情。

巩固孩子的自信

树立孩子的信心需要一个循序渐进的过程。当家长看到孩子因不断成功而逐步建立起信心时，千万不要以为大功告成，而要不断鼓励孩子，巩固其自信心。孩子只有在不断的鼓励中，才能通过自己不断的努力树立起自信。在这个过程中，家长要注意以下几个原则：第一，不要讽刺孩子，以免孩子受到打击；第二，不要过分赞扬孩子，以免孩子产生骄傲情绪。只有随时鼓励，才能不断助长孩子的自信。

小贴士

要培养孩子的自信心，可以给孩子提供展示自己的机会，在别人面前成功的表现自己对孩子的自信培养来说将是意义非凡，因为这会让孩子觉得自己受到别人的肯定，从而增加自信心。多让孩子参加集体活动，鼓励孩子在别人面前勇于表现自己，这对孩子来说都是很受用的。

No.7 鼓励孩子自己收拾东西

东汉有一少年名叫陈蕃，他自己的房间总是脏乱不堪。他父亲的朋友薛勤批评他，问他为何不打扫干净来迎接宾客。他回答说："大丈夫处世，当扫除天下，安事一屋？"薛勤当即反驳道："一屋不扫，何以扫天下？"陈蕃胸怀大志，欲"扫除天下"，这种精神固然可贵，但连自己的房间都不扫，又怎能扫好天下？

孩子喜欢玩各种玩具，特别是现在孩子的玩具都很多，他们往往玩完后就"撒手不管"了。要让孩子自己收拾好东西却是一个耐心教育的过程，家长不但要花一些时间，而且还要动一番脑筋。做家长的不要把这看成是个人小节的小问题，这种坏习惯的形成，会给今后的工作、学习、生活带来麻烦。与其将来让孩子整天生活在一个乱糟糟的环境里，或者是把许多时间都浪费在找东西上，还不如从小就注意培养，使孩子尽早养成收拾东西的好习惯。

那么，家长应该从哪些方面培养孩子收拾东西的能力？

教给孩子收拾东西的顺序

首先要让他学会整理床铺。床是房间里最大的一个平面，只要床面干净整齐，房间就已经整理好一半了，然后教给孩子把地面清理干净。这会让他发现房间变整齐了，让他有成就感。然后让他把衣服、书、玩具和杂物等东西都分好类，给房间分区，进行整理。

家长要记住的一点是，学习整理房间也得循序渐进。比如，等到孩子们习惯了你的要求，能简单地把他们的床铺、地板和房间里的东西大致收拾好，你再每周提出一个新的要求：这个星期整理橱柜的最上一层，下个星期整理书桌。

记得夸奖孩子的劳动成果

欣欣很喜欢玩玩具，但有一点就是他不喜欢收拾，我说了很多次，他都懒得理我。这天欣欣的情绪很高，我忙趁热打铁对他说："欣欣，妈妈和你一起收拾玩具，好不好？" 欣欣很爽快的答应了。收拾好以后我把他好好的称赞了一番。 从那以后，每次他自己收拾玩具以后，我都会表扬他一番，听到我的称赞后，他就收拾得更欢。

面对家长这样的精神鼓励，孩子会觉得自己很成功，自己的劳动得到了家长的肯定，这会成为他养成自己收拾房间的一大动力。所以，家长不要吝啬自己的夸奖，多给孩子些表扬。

让孩子自己做选择

给孩子一个选择的机会。"你想自己来收拾还是让我来收拾呢？不过我可不知道什么东西你有用。"此时孩子应该知道如果家长给他收拾东西，就会把一些自己的"宝贝"当成垃圾给处理了。而且有些东西还会被"没收"，所以他会自己主动承担收拾东西的劳动了。给孩子一个选择，会让孩子觉得自己受到家长的尊重，感受到自己和家长一样，都是这个家庭中平等的一员。

小贴士

家长可以教孩子把玩具分门别类地整理、收拾好。或是和孩子一起玩找玩具的游戏，家长把他喜欢的玩具藏起来，当他找不到的时候，家长就要不失时机的教育他，从而激发孩子收拾玩具的兴趣。当孩子逐渐养成自己收拾玩具的能力后，家长就应该让他坚持，不允许他破例。

Part 5

情商和智商的培养，望子成龙下的成长期望

5 情商和智商的培养，望子成龙下的成长期望

情商智商孰重孰轻，相信每个人都有自己不同的理解。但有一点可以肯定，就是如果想成功，情商智商要均衡发展，不可偏颇。所以，家长在开发孩子智商的同时，不要忘了培养孩子的情商。这样孩子成人后才能很好地融进社会生活，成为优秀的人。

No.1 孩子情商的培养

长期以来，人们用智商评定一个人是否成功。但发现聪明的人未必能成功。美国哈佛大学心理系教授丹尼尔戈尔曼后来提出，一个人的成功，智商的优势是占 20%，情商的优势占 80%，从而可得出这样的结论，如果要造就一个优秀的孩子，让他未来有成功的希望，就要从小注重培养情商。

情商是指非智力因素，也称为 EQ，就是我们常说的心理素质，这里强调的是对环境的调控能力和适应能力，它是调理人际关系的钥匙，是一个人获得成功的关键。

它包括主动性、同情心、心理调运作能力、适应性、协调应变能力等。如果一个人性格孤僻、怪异、不易合作；自卑、脆弱、不能面对挫折；急躁、固执、自负，情绪不稳定，他智商再高也很难有成——就这是美国哈佛大学心理系教授丹尼尔 · 戈尔曼 1995 年出版的书籍里提出来的。戈尔曼教授认为人的成功，智商指数只占 20%，最重要的“其它因素”占到 80%。而这“其它因素”即包括情商在里面。从某种意义上讲，情商比智商更重要。因此，家长要从小注意培养孩子的情商。

那么，家长要从哪些方面培养孩子的情商呢?

孩子主动性的培养

所谓主动性，是指人自发自愿地参与某事的积极性。现在，很多孩子在成长过程中，家长总想方设法保护他们，什么都代劳，什么都为他们准备好了，以免孩子受到挫折伤害。这使孩子失去了正常的、积极的自由发展个性的机遇结果培养出的孩子懦弱、依赖性强、能力差，他们离不开家长的指点和帮助，没有创新精神，生活过于被动。这就使孩子的生存能力降低了。因为将来走入社会，别人不会像家长一样把什么都给他准备好。所以我们要尽一切可能，让孩子学会“自行应对，主动出击”。

孩子意志力的培养

教育学家曾经做过测验孩子意志力的实验，他们挑选一些智商超常的孩子，分别给他们一块蛋糕，并且告诉他们：如果现在吃，就只能给一块，如果能忍两小时后再吃，可以再奖励一块。结果只有一小部分孩子忍住了。然后对这一小部分孩子进行长期跟踪调查，发现能忍耐的孩子成功率大大高于不能忍耐的孩子。可见，意志力与忍耐力是孩子成功必不可少的条件。

怎样培养孩子的意志力呢?当孩子急于想要某种东西时，不要马上满足他。如果孩子哭闹，就让他哭闹，家长要和孩子多讲道理，然后再满足他，这样能有效锻炼孩子的意志力。当孩子遇到了困难，家长不要马上给他帮助，而是鼓励他坚持一下，学会体验挫折，“哪里跌倒在哪里爬起来”，学会从挫折中站起来，这样他才会有意志。

孩子善解人意的培养

让孩子学会善解人意，也就是让孩子设身处地去体会别人的感受，懂得关心他人，理解他人，为他人着想。在人际交往中，这样的情商对孩子的发展十分重要。这能让孩子更好地理解别人，帮助别人，构建孩子的人缘。比如，家长可以让孩子从关心身边的小伙伴开始，尽自己的能力，从行为上、学习上、生活上给他们帮助，体会不同伙伴的不同想法。这样，孩子以后才能更好地与人交往，给孩子带来的体验是无法估量的。

孩子的适应性培养

自然法则告诉我们，适者生存。在这个竞争激烈的社会，谁能适应谁就能很好发展。家长不要等孩子长大了，再告诉他你要适应这个社会，而是从小就从点滴入手培养他的这种能力。对孩子不包办一切，不有求必应，让孩子有机会参加各种劳动；在生活中减少享受，刻意锻炼吃苦精神，在孩子游戏中让他体验失败和不如意；经常把孩子放在强手云集的大环境中（如参加各种比赛）去锻炼。告诉孩子：世上是没有什么事情能把人难到的，并且帮助孩子用合理的方法疏泄消极情绪，保持孩子积极快乐的心态，激励他们战胜困难的勇气。这样让孩子在早期体验挫折，增强心理免疫力。

孩子应变能力的培养

世界瞬息万变，每天都有不一样的事情发生，我们控制不了发生的事情，但我们可以提高自己应变的能力。所以，作为家长，从孩子小的时候就要注重对应变能力的培养。比如幼儿园放学，一个陌生人来接孩子，这时他该怎么做？又比如，你和孩子在人来人往的商场走散了，这时他又该怎样做等等。

孩子对突发事件的处理，能极大的锻炼他们的应变能力，也培养了他们临危不乱的心智，在最短的时间内做出判断并采取正确方法。报刊上曾报道了这样一则新闻：一个只有 5 岁大的外国小女孩，在一个大雪纷飞并且完全与外界失去联系的晚上，成功地帮助母亲分娩的新闻。看完这则新闻不禁让我们反思：我们的孩子遇到这种情况将会怎样做？

所以，培养孩子的应变能力，使孩子提高应变能力，在任何紧急情况都会把损失降到最低程度，争取到最好的结果。所以说孩子应变能力的培养不单是能力，更是心理素质的培养与提高。

诚然，对孩子情商的培养与其它方面的培养一样，一是从父母的言传身教中获得，二就是在父母指导下的实际操练中感悟。尤其是应变能力，这可是对父母综合素质的不折不扣的考试。

小贴士

情商是和智商对于孩子来说一样重要，所以家长不要只重视孩子的智商，认为孩子聪明就好。有时情商往往是决定一个人成功与否的关键因素。所以，家长要从小就培养孩子的情商，使孩子具有良好的性格，这才是他成功的法宝。

No.2 家长决定孩子的情商

布鲁尔 · 卡特曾经说过："孩子健康心理的培养比对孩子身体的关心更为重要，孩子只有具备了健康的心理，才能挑战未来，走向成功。"可见情商对孩子的重要性。而从孩子一出生，家长就陪在孩子身边，是孩子最亲密的人，自然也是对孩子影响最大的人。

家长是孩子学习情商的第一任老师，家庭是孩子学习情商的第一所学校。孩子在0～6岁的时候，都是和家长在一起，家长的一言一行都受到孩子的关注、模仿。家长的为人处世、性格特征等情商，也无时无刻都在影响着孩子情商的形成和发展。比如孩子关心家长对自己的态度、在乎家长对自己的感受、在乎家长怎样看待自己。教育专家曾经说过："家长对待孩子的方式，对子女以后的情感世界有着长远的影响。"有调查显示，母亲患有抑郁症，她的孩子发展成抑郁症的概率是其他孩子的3～4倍。由此可见，想要孩子具有高情商，家长必须从塑造自己做起。

以开朗豁达的态度处世

做为家长首先要有开朗豁达的态度处世。开朗豁达是以淡定面对人生的态度，是大智慧的表现。生活中孩子难免会犯错，家长不能在孩子一犯错的时候就责骂，就惩罚，这样孩子会觉得家长过于严厉，给孩子造成恐惧心理，使孩子在今后的人生中留下抹不去的阴影。我们要以开朗豁达的心境，去尊重孩子，理解孩子，关爱孩子，善待孩子。在善待孩子的同时，注意纠正孩子的过错。

家长要用好的情绪影响孩子

孩子的情绪往往受家长的影响，平时在生活中，家长要用热情、豁达、乐观、友善等好情绪对待孩子和他人，控制住自己不好的情绪，这样孩子才会具有活泼、大方、快乐、关心他人的优良情绪和性格。同时大人还要及时排除孩子恐惧、抑郁、悲伤、愤怒等不易被社会接受的坏情绪。家长还要让孩子懂得：应该在什么场合用什么样的情绪，以便让孩子能自觉地掌握，逐渐形成自我控制情绪的能力。

鼓励孩子表达情绪

鼓励和肯定孩子对不同情绪做出表达，尤其是对不好的情绪，也要教孩子通过合理的方式宣泄，比如，通过向亲人倾诉，通过向自然环境的宣泄等，达到敞开心扉、缓解紧张焦虑的目的。而且家长有时可以向孩子传达一些对他的担忧，虽然孩子还小，但他知道了家长对他的关心。那么，表达情绪就变成了孩子与家长两方的，有助于亲子沟通和交流。

以平和之心对待孩子

当孩子尖叫“为什么不给我买？我恨你”时，你不能绝望，不能暴怒，你需要理解他并接受怨恨的现实。要知道，这是孩子所能给予你的最好的礼物——有话能对你说、敢对你说当然，这种恨不要持续下去。

平和之心还告诉我们，养育孩子是一个双赢的结局。在养育孩子的过程中，孩子学会了如何与家长相处。养育孩子会自动提高我们的情商，使我们成为更合格的家长。如果你不愿意生养孩子，不妨试试为朋友看孩子，与孩子相处可以真正地提高我们的情商。

家长要为孩子做出表率

家长要通过自己的言行，让孩子看到家长都是善于控制自己情绪的。家长彼此之间、与邻居之间、与亲友应该融洽相处，让孩子从中受到耳濡目染移的影响。一般来说，对人态度友善的家长教导出来的孩子，往往会比较懂礼貌，而总是在家里争吵的家长教导出来的孩子，也往往脾气暴躁。

小贴士

家长的一言一行无不对孩子有着重要影响。如果家长情商不高，孩子也不会有出色的情商。所以，要想提高孩子的情商，家长不妨从自己开始。宽容地对待孩子，对待身边的人，积极生活，乐观向上。为我们的孩子做一个好榜样，时刻以实际行动影响孩子。

No.3 培养孩子的动手能力

杨振宁曾说过："中国留学生学习成绩往往比一起学习的美国学生好得多，然而十年以后，科研成果却比人家少得多，原因就在于美国学生思维活跃，动手能力和创造精神强。"中国家长对动手能力的不重视，最终导致中国学生只是学习的工具。身为新时代的人，我们更需要创造能力。

手是人重要的感觉器官，让孩子多动手是促进智力发展的重要途径。通过手的活动，可以获取更多的外部信息，这些信息能促使大脑积极活动，促进孩子的大脑发育，使孩子更灵巧。俗话说"心灵手巧"。灵活的手是一个人大脑发育良好的标志。手巧的孩子更聪明。

在大脑中支配手部动作的神经细胞有 20 万个，而负责躯干的神经细胞却只有 5 万个，可见大脑发育对手灵巧的重要性，而手动作的灵敏又会反过来促进大脑各个区域的发育。这就是人们为什么常说的“眼过百遍，不如手做一遍”的真谛。

可现在的孩子又是怎样的呢？现在不少孩子，由于在生活上由家长包办一切，4岁的孩子鞋带散了不会系急得直哭；5岁的孩子不会穿衣服，闹出将衣服穿反了的笑话； 6岁的孩子，妈妈不喂饭，自己都不会吃；大学生连煮熟的鸡蛋都不知道怎么扒皮吃……在这种手脑不协调，动手能力差的孩子，将来怎样照顾自己，又何谈为社会为家庭做贡献？

为什么现在的孩子动手能力这样差？究其原因，主要是：

1. 家长的过度担心

家长总是觉得孩子还小，不会做事，怕他出事，或怕孩子损坏东西，许多事不让孩子自己动作去做，而由家长包办，孩子失去了一次次动手的机会。

2. 家里东西不让孩子碰

现在的家庭，装修越来越豪华，很多装饰都价格不菲，因此家长就不让孩子随便动家里的东西，怕他们损坏东西。因此，就没有孩子动手的小天地了。孩子进了家门，这不许动，那不许碰，玩具不能自由拿放，孩子可活动的空间十分小。

3. 孩子动手材料少

家长经常花钱给孩子买一些大型玩具，什么机器人，变形金刚。虽然好看又好玩，但大多数是机械或电动的，不能拆拼，孩子缺乏动手材料。

那么，家长要怎样培养孩子的动手能力？

锻炼孩子的自理能力

在日常生活中，家长要刻意培养孩子自己倒水喝，用筷子吃饭，学习擦桌子扫地，自己整理玩具，洗手绢等。

有时，在培养儿童动手能力过程中，发展到一定阶段会停滞不前，这是一般练习中都有的，心理学上叫“高原期”。在这个阶段，家长鼓励孩子不要放弃，继续练习，达到一定阶段，会出现质的飞跃，就是我们常说的“熟能生巧”。启发教育，培养儿童的动手能力要持之以恒，让其顺利通过高原期，由技能变成技巧，熟练掌握。三天打渔，两天晒网是不行的。

在游戏中提高动手能力

提供各种结构材料，让孩子玩结构游戏，如：积木、插塑、拼装玩具、橡皮泥、沙石、冰雪等。家长这时可以顺应孩子喜欢动手的规律，拿来一些废纸让他撕，给他一些木头和棍子让他敲，买来蜡笔教他学画画，找一些不用的小瓶小盒让他配盖，为他准备一些积木和自制拼图，橡皮泥，七巧板等玩具，使他动手又动脑。孩子在动手时学会了解决问题的能力；在拼七巧板，穿珠子，套盒时延长了专注时间，培养了独立能力。

家长转变观念

作为家长，不要总是觉得我们的孩子还没有长大。当他第一次要求自己系鞋带，第一次自己吃饭，第一次自己穿衣服的时候，我们就应该意识到孩子已经长大了，我们要做的不是一味的替他们做，而是要教会孩子怎样做，并耐心纠正。人总是从不会到会的。所以，家长自己要转变观念，放手让我们的孩子去做吧！

赏识孩子的一点点进步

孩子需要家长的鼓励，第一次自己穿衣服，第一次自己系鞋带，第一次自己吃饭，第一次……孩子希望他的每个第一次都能得到家长的肯定和鼓励，所以，家长不要吝啬自己的赞美之语。虽然他做的还不是很好，很完美，但作为一个孩子，我们有什么理由要求他做到完美呢！请家长们赏识自己的孩子，给孩子前进的动力吧。

小贴士

孩子也有犯懒的时候，所以不要放纵孩子的懒惰。他自己的事情一定要让他自己做，比如叠被子，如果你帮孩子做一次，他下次就知道“如果我不做，妈妈也会给我做。”这样孩子就产生了依赖心理。久而久之，何谈锻炼动手能力？所以，家长也要记住，孩子的事情，他自己做。

No.4 孩子智能开发计划

意大利教育家蒙台梭利说过："儿童的任何才能都不是与生俱来、生而有之的。后天的积极培养和科学指导才是挖掘儿童才能潜能的最有力的方式。"所以，孩子智能的开发要从小做起，不能错过最好的教育阶段。

智力是人对环境的适应和反应能力，是各种心理能力的总和，包括观察力、注意力、记忆力、思维力、想像力、创造力和实践能力。观察力和注意力是孩子感知事物的能力，是智力结构的眼睛；记忆力是回忆和追忆事物的能力，是智力结构的储存器；思维力是思考问题、解决问题的能力，是智力结构的核心中枢；想像力是将大脑中的印象组成新事物的一种能力，是智力结构的翅膀。对孩子智力的开发，就要全面开发孩子的各项能力，不能只重视一项或是几项。此外，专家通过大量研究又发现，有六种因素会影响孩子的智力发展。

1. 遗传

一般说家长智商高，孩子的智商也不会低。这种遗传因素还表现在血缘关系上，家长同是本地人，孩子平均智商为 102；而隔省结婚的家长所生的孩子智商达 109；家长是表亲，低智商的孩子明显增加。

2. 母乳

母乳中含有多种物质可以促进儿童智力发育，特别是对智力发育有重要影响的牛磺酸比牛奶要高出 10 倍之多。据调查，吃母乳长大的儿童比吃代乳品长大的儿童智商要高出 3～10 分。

3. 食品

吃肉过多或贪吃的孩子智力会减低。不吃早餐的孩子智力会受到影响，这是因为早餐摄入的蛋白质、糖、维生素和微量元素等都是健脑的重要成份。

4. 体重

体重超过正常儿童 20%的孩子，其视觉、听力、接受知识的能力都会处于较低的水平。这是因为肥胖儿过多的脂肪进入脑内，会妨碍神经细胞的发育和神经纤维增生。

5. 母爱

生活在枯燥环境里的儿童，如弃婴，得不到母爱及良好的教育，智商会较低。据调查表明，这类孩子 3 岁时平均智商仅为 60.5，反之，处于良好环境的 3 岁儿童智商平均为 91.8。

6. 药物

某些药物会影响儿童的智力，如长期服用抗癫痫药物可使智商偏低，当停药若干年后，智商便会有所提高。

所以，家长要根据自己孩子的情况来为孩子制定智能开发计划。虽然孩子各有不同，但家长借鉴大多数孩子的成长经验，可以总结出自己孩子的发展计划。下面就给家长提供一些方法：

多和孩子进行语言交流

心理学家认为，让幼儿早一点掌握语言是很重要的，因为语言对促进智能十分有帮助。幼儿掌握了语言后，不仅是能说话而已。实验结果发现，家长在孩子出生头两年里和孩子说话的量，对孩子掌握词汇量的多少有重要的影响。既能促进听觉功能，还能满足孩子对情感的需要。在和孩子说话时，要逗引他积极反应，激发其交往应答能力。

让孩子多听多看多动手

多听多看可以发展孩子的视、听、触觉。如观看各种玩具、物品的颜色形象，了解其软硬、粗细等性质，分辨其大小。多让孩子自己摆弄、抓摸、蹬踢各种玩具和物品，主动获得各种刺激，激发感知的发展。

多让孩子听音乐

还可在每天的一定时间内让孩子听听音乐，发展培养听觉和音乐感受力。在睡醒后和哺乳时听些欢快的乐曲，睡前听些安静的乐曲，同样的乐曲在同样条件下反复听，孩子就会逐渐熟悉，并将其视为某些活动的信号。

此外，各种声响玩具也是培养孩子听觉的重要工具。听音乐和玩声响玩具要注意避免噪声。

儿童从音乐中学到的不只是节奏和旋律。教育专家指出："让 3 岁的儿童学钢琴或与众人齐唱，能大大改进儿童的时空推理能力。上过钢琴或歌唱课的 3 岁儿童拼七巧板时，比别的儿童准确、快捷。"

培养孩子的好奇心

孩子喜欢到处探索，求取新经验，有助于促进智能开发和了解世界。孩子躺在婴儿床上时，小眼珠便老是盯住各种不同的物体，他是在探察新的世界。他们有无穷的好奇心，会用接触和尝尝等方式来满足自己的好奇。做家长的要鼓励孩子的好奇心，应和孩子一起探索，引导孩子怎样探索。不妨拿起一个玩具仔细瞧瞧，然后递给孩子研究。也不妨伏在地板上和孩子一起爬。

小贴士

0～3 岁孩子的思维活动很活跃。孩子在听、看、玩的过程中，时刻进行思维。边玩边想，一旦动作停止，思维活动也随之停止。3～6 岁，孩子的思维就可以依靠表象和具体事物的联想展开，他已经能摆脱具体行动，运用已经知道的、见过的、听过的知识思考问题。所以，可以根据孩子的思维特点进行智力开发。

No.5 科学开发右脑的重要性

1998 年，原国务院副总理李岚清在教育工作会议上讲道：素质教育要开发右脑。下个世纪的前十年是右脑开发的十年，人脑全面开发，其意义甚至大于物质的开发和利用。21 世纪如何取得优势关键是人才。

20 世纪世界上最伟大的科学家爱因斯坦说:“人类最伟大的发现之一，就是对大脑无限潜能的认识。人的大脑潜能是无限的，很多心理学家认为，人的大脑只使用了 3%，也有人认为使用了 5%，还有人认为使用了 9%，尽管说法不同，但有一点已达成共识：人类大脑 90%以上都是处于休眠状态。

人脑的右半球主管人的想像、颜色、音乐、节奏等。你能相信吗？6 岁能精通 6 国语言，十三四岁就已经大学毕业取得博士学位，这些小孩所具有不可思议的神奇能力，就是因为运用右脑思考的结果。

孩子在 6 岁之前，对事物的思考主要以右脑为中心，正是右脑最活跃的阶段，适当的良好的刺激可以使右脑达到最佳效果，这是为什么呢？

2 岁的孩子只会利用图像识物，沉浸于“右脑世界”中，常以声音接触外部世界，而不明白是什么意思；3 岁左右的孩子语言还不能自如表达，仍以直观映像，仍然生活在以右脑为主的世界里。

那么，右脑有哪些能力呢？

1. 类型识别能力

人脑的记忆首先是将景象以模糊的图像记入右脑，而此时左脑则一边观察右脑所描绘的图像，一边把它符号化、语言化。新生儿很快能认识母亲的脸形，而他的记忆力大部分是以映像概念被识别出来的。这种概念就是在瞬间就能捕捉到的东西，也称为类型识别能力。所以首先要右脑直观的、综合的、形象的思维机能发挥作用，描绘成图像，左脑才能把右脑的形象思维转换成语言。

2. 形象认识能力

用线条抽象化了的类型，即轮廓的、线条的、将语言与事体以图形方式并加以理解，认识这种图形的能力就是右脑的重要功能。与婴儿说话时，指着一个物品，则右脑就会反映出这个物品的形象来。“A 包含 B，所以大于 B”这就是把概念图形化了。日常生活中养成用图形记事的习惯，就能刺激右脑，使其逐步活化。

3. 绘画感觉能力

绘画的感觉是右脑的机能。当人们注视绘画作品并欣赏时，右脑正在工作。所以，多带孩子参观画展、花展、盆景等展览，是直观整体地欣赏作品，有利于活化右脑。当孩子全神贯注时，就会从左脑的逻辑思维转向形象思维，加强了右脑的直观能力和综合判断能力。

那么，家长要怎样开发孩子的右脑?

训练孩子动手能力

训练孩子手的技能，对于开发智力十分重要。这是因为，在我们的身体中，每一块肌肉在大脑皮层中都有着相应的神经中枢，而手指运动中枢在大脑皮层中所占的区域最广泛，所以手的动作，特别是手指的动作，越熟练、多运动，就越能在大脑皮层建立更多的神经联系，从而使大脑变得更聪明。因此，自然而然地就能心灵手巧。

在日常生活中，有很多游戏都能锻炼孩子的动手能力。比如：玩玩具，拍皮球，钉扣子等等。通过这些游戏可以锻炼孩子手的神经反射，促进大脑的发育，增强手指的灵活性，加快大脑和手指间的信息传递；而且经常让孩子交替使用左、右手，可以更好地开发大脑两半球的智力。

训练孩子语言能力

科学家长期研究得出了一个结论，儿童学会两三种语言跟学会一种语言一样容易，因为当孩子只学会一种语言时，仅需大脑左半球，如果培养同时学习几种语言，右脑就会参与其中。所以，要想充分开发孩子的右脑，就要使右脑被调动起来，如果孩子在左脑够用的情况下，是不会强迫利用右脑学习语言的。

训练孩子运动能力

右脑在运动中形成的形象和细胞激发比静止时来得快，在运动时有意识地让左手、右手多重复几个动作，可以刺激右脑，开发智力。其实，孩子小的时候非常爱动，但家长们经常教导孩子不能在地上爬行，怕弄脏衣服，而且也不雅观。其实要刺激右脑，最好的方式就是让他从小就训练爬行，这对孩子的平衡感及运动细胞都有帮助。所以，家长不妨早些让孩子在干净卫生的地方练习爬行，一点一点发展孩子的运动能力。

多让孩子听音乐

人类大脑的右半球负责完成音乐、情感等工作。如果孩子在幼儿期能够经常接受音乐的熏陶，就可以大大地开发右脑，提高孩子的智力水平。弹琴是一种很好的手指与音乐结合的运动，既锻炼了手指运动，又培养了孩子的音乐细胞。同时，家长还可以让孩子在有音乐背景的条件下做其它事情。有的家长担心这样会分散孩子注意力。其实，右脑感知音乐，左脑并不因此受到影响，仍可独立工作，这样就能使孩子在不知不觉中得到了右脑的锻炼。

小贴士

家长在体育锻炼上，应有意识地让孩子多做些左侧肢体的运动。因为右脑半球控制左侧肢体，多做左侧肢体运动可以刺激右脑。平时要鼓励孩子学会用左手做一些活动，如左手拿剪刀、切菜、打乒乓球、写字、画画、用左脚踢毽子、踢足球等。

No.6 重视孩子感官的发育

罗曼·罗兰的世界名著《约翰·克里斯朵夫》中曾说：“从黑暗墙壁上高高的窗户射进来的光线，给婴儿带来第一个惊喜和欢乐。”这说明婴儿时期的孩子就开始了解世界、认识世界的历程。而这些体验正是依赖感官来接收的。

孩子初来世界，通过感官知觉探索周围的事物，他们总是对周围的一切都那么好奇。感官知觉虽然是孩子最初级的认知本领，但决不能忽视它的重要性。感知是孩子所有认知活动的开始，人的认知过程如同一个信息的接收、编码、储存、提取和使用的过程。在这个过程中，信息的输入是第一个也是最基本的环节，而人们接受信息就是靠感官直觉来进行的。感官直觉虽然是较低级的认知活动，但没有感官直觉，就谈不上记忆、思维、想像等高级的认知活动，也就是说，感知能力发展得越充分，记忆储存的知识经验就越丰富，思维和想像发展的空间也就越大。因此，从孩子出生之日起，家长就应该通过多种手段促进孩子各方面感官直觉的发展，积极引导孩子通过感官直觉认识和探索周围的世界。

那么，家长要怎么训练孩子的感官？

视觉训练

视觉训练，主要是培养孩子对物体的注意力和感知。家长可以从孩子玩玩具入手，准备颜色鲜艳，大小不同的玩具，数量不限。在孩子胸部上方 60 ～ 70 厘米处悬挂带颜色玩具，然后变换玩具的位置，或是做一些动作，引起孩子的注意，当孩子开始看玩具时，不要忘了记录时间。这样每天练习几次，过一段时间后，一般是 3 ～ 4 天，孩子对这种玩具产生厌烦感，家长可以再换一种玩具。要注意，如果孩子对同一颜色玩具注视时间超过 5 分钟，一般就不要再进行下去，以免引起孩子的视疲劳。

听觉训练

听觉训练，主要是让孩子聆听不同的声响。家长可以准备能发出不同声音的玩具、音乐等东西。可以在孩子兴趣好的时候，让孩子听各种声音。比如，优美的音乐，窗外鸟叫的声音，电视里的动画片等等。当孩子寻着声音的方向寻找的时候，妈妈可以一边继续让孩子听，一边清晰地说出是什么东西发出的声音。这也有助于孩子记忆力和言语的发展。要注意，声音不要太大，也不要离孩子的耳朵太近。不同声响之间要作适当间隔，给孩子休息、接纳、反应的时间。

触觉训练

触觉训练，主要是培养孩子的对东西的触摸感觉，来分辨不同的事物。家长在训练孩子触觉的时候，可以让孩子摆弄不同材质的东西，并且告诉孩子都是什么。比如塑料小盒子，毛绒玩具，水，气球等等。当孩子玩这些东西的时候，家长要告诉他都是什么材料做的，这样孩子才能做到触觉与概念（名称）的一一对应。可以多准备些不同的东西，这样才能激起孩子的好奇心和求知欲。如果只给孩子一样东西，当他知道是什么之后就再没有兴趣学习了。

空间感训练

空间感训练，主要是让孩子认清各个方位，分辨出方位。家长可以和孩子一起玩玩具娃娃来使孩子辨认方位。给孩子准备一个较大的毛绒玩具，让孩子依次指着玩具的头、脖子、身体、上肢、下肢，家长对他说出各个部位的名称，注意在说的时候要用上方位词，例如“头的下面是脖子”、“嘴的上面是鼻子”等。说的时候吐字要清晰，语速要适中，观察孩子的反应。可以先按照从上到下的顺序，反复几次后再按照从下到上的顺序，不要毫无顺序地一会儿说“上面”，一会儿说“下面”。

观察力的训练

可以一起和孩子看一本大开本的图画书，孩子看到鲜艳的图片会很开心，当他看一眼就着急地想翻到第二面时，家长应该细心地指引他注意画上左边有什么？右边有什么？大的是什么？小的是什么？让孩子注意到图画中更多的细节，增强孩子的观察力。其实，生活中处处都可以锻炼孩子的观察力，只要家长细心，注意引导，就能很好地锻炼孩子的观察力。

小贴士

家长在和孩子做游戏，锻炼孩子各种感官知觉的过程中，尽量地多和孩子说话，和孩子进行语言交流，这样孩子可以感觉到妈妈爸爸在关注他。这样孩子就能感受到来自家长的爱，使孩子更有安全感。这对孩子的语言发展、感情发展都非常重要，更有助于以后的亲子交流和教育。所以，想要和孩子有良好的亲子关系，就要从他小时做起。

No.7 提高孩子的智力水平

法兰克福大学的心理学家莫妮卡 · 克诺夫描述道："我们给婴儿看不同数量的点。最初他们注视着两个点，等到熟悉了以后就开始失去兴趣。但当我们接着展示3个点时，他们的兴趣又来了。"可见婴儿智力出乎意料，能够用眼睛跟着做简单的数字游戏。婴儿的大脑的确缊藏着巨大的能量，所以家长不要错过这个机会进行开发。

有资料显示，孩子从出生一直到25岁，大脑的各种功能才发育健全，就是说，并不是一生下来就不能改变了，所以，当家长发现孩子的智力发育有障碍时，不要失望和放弃，完全可以通过科学的心理训练提高智力水平。

那么，家长应该怎样提高孩子的智力水平？

培养孩子的逻辑思维能力，发展孩子的想像能力

每个孩子都有天才潜质，关键是看怎样教育开发。逻辑能力有助于孩子理性思维的培养，想像力有助于孩子感性思维的培养。有了缜密的理性思维，将来做事才能更周密，更有步骤，有计划；想像力带来创造力，所以想像力能让孩子学会创新，不拘一格。幻想是孩子的世界，孩子的幻想不是逃避现实。孩子从幻想游戏中，学习语言，认识环境，学习做人做事。幻想对孩子的长大有重要的意义。

培养孩子自我了解的能力

每个孩子都有自己的路要走，在童年的时候，让孩子学会了解自己，认识不同的人生，是让孩子对未来有个目标，有个规划。人只有有了目标才更有前进的动力。比如家长要求孩子好好学习，也许他很模糊，不知道怎样算好好学习，但你要是告诉孩子这个学期末要前进5名，他就有了目标了。让孩子了解自己，“我长大要做什么？”一旦他有了目标，家长就应尊重孩子的选择，让孩子努力向着自己的方向前进。

小贴士

让孩子认识自我的时候，可以从看电视卡通和电视连续剧，讲童话故事和连环漫画开始。故事中的主角（英雄或者美丽的公主）就是孩子最早认同并想模仿的对象，而主角的冒险经历和神奇遭遇，就是孩子最早想要体验的生活。让孩子对未来有憧憬。

No.8 益智游戏有助于提高孩子智力

高尔基说：“游戏是儿童认识世界和改造世界的途径。”游戏有助于培养孩子对体力和智力活动的兴趣，激发求知欲望。孩提时代往往通过一些游戏去逐步感知和认识世界。天才的秘密就在于强烈的兴趣加无限的热情，游戏正是给天才的形成敞开一个通往平台的大门。

一位幼儿园老师曾给孩子们出过这样一道题，让孩子们列举水都有什么用处。孩子们回答地很踊跃，有的说洗手，有的说洗澡，还有的说洗衣服……总之都是洗一类的，只有一小部分孩子想到了浇花，下雨等用途。孩子们的想像力如此贫乏，已经到了让人吃惊的地步。为什么孩子们想到的水的用处会那么单一？孩子们的奇思妙想哪里去了？水不是可以发电吗？水还可以成为水蒸气，推动蒸汽机不也是一种用途吗？即使是液态的水，可以灭火，为什么孩子想到的用途就只能是洗东西呢？

上面的例子证明，要想孩子将来能有与众不同的智力，就要让孩子发展想像力，智力游戏就是一个不错的选择。智力游戏能让孩子在开心的同时又增长知识，提高智力。让孩子发现很多书本上学不到的知识，引发孩子对知识的无限乐趣。

那么，家长应该怎样和孩子一起玩智力游戏？

给孩子提供智力玩具

智力玩具包括：各种镶嵌、装、套玩具，如镶嵌板、拼图、套盒、套塔等；图片型、实物型的智力游戏玩具，如以日用品、交通工具、蔬菜、水果、动物等图片或实物，按类别做成套，便于使用；各种棋类和竞赛性智力玩具，如儿童跳棋、象棋、军棋、走出迷宫等。智力玩具的特点是不成型，由孩子构思和动手操作，组成各种图案形体。

和孩子一起玩游戏

家长不能把孩子扔在一边，不管不顾，应该和他一起研究各种玩具的玩法。家长只有具备玩和制作智力游戏的丰富知识和技能，才能较好地对孩子进行指导。家长要让孩子认识和熟悉智力游戏，对智力游戏产生兴趣，然后，用简明生动的语言和适当的示范，将玩法及规则向孩子介绍。待孩子熟悉玩法后，再让孩子独立玩。在此基础上，家长还应启发孩子积极思考，创造出同一个智力游戏的不同答案。孩子玩智力游戏时，家长应不断启发孩思考，锻炼孩子的思维能力，以便充分发挥智力游戏的作用。

给孩子自由

喜爱自由是孩子的天性，有了自由孩子才能发挥想像力、创造力，才能在游戏中提高智力。因此，家长要给孩子尽可能多的自由，不要过分地限制孩子的活动，限制孩子的活动就意味着限制了他的智力发展。家长也不要规定孩子能玩什么不能玩什么，有的孩子喜欢玩泥巴，而家长认为这种游戏不卫生，把身体、衣服都弄得很脏，于是很不赞成孩子玩。但孩子在玩泥巴的时候，他可以捏他喜欢的东西，既锻炼了想像力，又锻炼了动手能力。如果家长认为不干净，可以给孩子买一些高品质的橡皮泥，既干净又卫生，也能收到同样的效果。

掌握停止游戏的时间

孩子喜欢游戏，更喜欢能够吸引他们注意力的游戏。但过多的游戏玩耍对孩子还是有不利因素的。因为 0～6 岁的孩子的注意力还不能长时间集中，总是有走神的时候，所以应该让孩子玩一段时间就适当的放松一下。这样有助于锻炼孩子的注意力。如果他变得坐立不安，觉得糊涂和厌烦，那就是该停止的时候了。而且长时间让孩子玩一种智力游戏，孩子还会产生厌倦感，不利于长期兴趣的培养。

适合 0～6 岁孩子玩的智力游戏

1. 过家家

鼓励他应用想像力扮演所喜欢的“角色”。家长可以提供一些线索，如给他一架飞机，假想他在空中飞行遭遇哪些飞鸟；给他一个金刚，让他跟铁金刚对话；给他一些医生的玩具，让他扮演医生看病的情形……

2. 文字接龙

许多游戏可以用“接龙”的方式，如“文字接龙”：上班→班长→长大→……“绘画接龙”：一个主题大家接力画；“数字接龙”：1→3→5……“故事接龙”：从前有一个猎人……“动物接龙”：四只脚的如狮子→老虎→大象……空中飞的如老鹰、鸽子……

3. 躲猫猫

跟孩子玩“躲猫猫”的游戏：把物品藏在家中一角，让他来找；在图案中藏着一些物品、数字等，让他找出来；带孩子到郊外，亲子共玩“大地寻宝”的活动；或在报纸上找出自己需要的“形容词”或“物品”等活动，都是藏物的游戏。

小贴士

家长在和孩子一起玩游戏的时候，一定要有耐心，不要过多的阻止孩子这也不行，那也不行，应该让孩子放手去玩，开心去玩，变着花样的玩，这样才能起到在游戏中锻炼孩子的想像力几个方面能力，最终达到提高孩子智力的目的。如果家长管的过多，就会让孩子觉得受到束缚，自然也不会玩的开心，效果适得其反。

No.9 智商和营养的密切关系

营养学家指出：“食物营养与人的智力有很大的关系，正常的饮食对智力有良好的影响。均衡的饮食，能满足人体生长发育的需要和补充不断消耗的营养。给大脑供给充足营养，有利于孩子的健康成长。”所以，家长不能忽视孩子的营养问题。但也不能过度，什么有营养的东西都给孩子吃，要做到适度。

如何让孩子更聪明，除了先天遗传因素以外，在后天培养的各个方面中，营养是不能不被重视的一个重要因素。因为，孩子后天摄取的营养越均衡，孩子的智商越高。科学实验证明：通过给大脑和神经细胞提供适宜的营养能够提高人的智力。在 1960 年的一项研究中，科学家发现，提高体内的维生素 C 含量可以改进智力表现。

在实验中，研究人员先给 60 名学生测量了 IQ，随后在研究人员和实验对象双方皆不知情的情况下，随机抽出 30 名学生，在他们的饮食中加入专为头脑营养设计的营养素；另外 30 名学生虽然也给予相同的饮食，但加入的是无害无益的安慰剂。这种“双盲”的设计保证研究人员和对象都对结果没有任何先入为主的偏见。8 个月后实验结束，每个学生都要分别测量 IQ。结果，那些补充了营养的孩子们的非语言 IQ 竟然平均提高了 10 多分！有的学生甚至提高了 20 多分。而服用安慰剂的那一组孩子在 IQ 上没有什么显著变化。

所以，家长要特别注意孩子的饮食，多吃对提高智能有帮助的食物。那么家长要怎样做到合理膳食，让孩子全面均衡的摄取丰富的营养？

饮食要注意酸碱平衡

食物分酸性和碱性两类。鱼肉禽蛋米面为酸性；蔬菜，水果，豆类及制品为碱性。人体内存在自动调节酸碱平衡系统，只要饮食多样化，吃五谷杂粮，就能保持酸碱平衡。荤素搭配，荤食和素食的营养成分不尽相同，两样一起搭配，便能达到互补作用。食品要多元化，经常换换种类、做法，这样孩子吃着才有食欲。

多让孩子吃营养食品

营养专家研究发现，一些我们日常经常食用的东西有助于给孩子补脑健智，因此，家长不妨在日常膳食中多给孩子补充，如果孩子有挑食偏食现象应及时给予纠正，使孩子平衡饮食：

1. 牛奶

牛奶是一种近乎完美的营养品。它含蛋白质和钙相当丰富，尤其是脑所必需的几种氨基酸，在牛奶里几乎都有。牛奶中的钙最易被人吸收，是脑代谢不可缺少的重要物质。此外，它还含对神经细胞十分有益的维生素 B_1 等维生素。如果用脑过度而失眠时，睡前一杯牛奶有助入睡。

2. 鸡蛋

鸡蛋是含蛋白质极为丰富的食物之一，且来源供应充足，喂养 0～6 岁的孩子极为方便。鸡蛋中的蛋白质含有多种供人体生长发育的“必需氨基酸”，蛋黄中还含有较多的磷脂和胆固醇，多种维生素等，以及铁、磷、硫等矿物质含量也比较多，非常适用于 0～6 岁孩子食用。

3. 鱼类

它们可以向大脑提供优质蛋白质和钙，淡水鱼或海水鱼所含的脂肪酸多为不饱和脂肪酸，不会引起血管硬化，对脑动脉血管无危害。相反，还有保护脑血管、对大脑细胞活动的促进作用。

4. 粗粮

粗粮对人体的功效源于其所含的膳食纤维，其中主要为不溶性膳食纤维。在食物越来越精细，膳食纤维的摄入量呈现逐渐减少趋势的今天，注意增加粗粮，补充膳食纤维，可以防治肥胖症、糖尿病、高血脂症等。

5. 油菜

油菜又叫青菜、黑白菜。其菜叶鲜嫩，可以炒食、煮食，也可以腌渍。油菜是营养很丰富的蔬菜之一，其胡萝卜素和钙的含量都很高，维生素 B_1、B_2、PP、C 和铁的含量也都比较高。

6. 猕猴桃

猕猴桃除含有较丰富的蛋白质、糖、脂肪和钙、磷、铁等矿物质外，最引人注意的是它的维生素 C 含量，据分析，每百克果肉含维生素 C 100～420 毫克，在水果中居于前列。此外还含有多种氨基酸。

7. 黄豆

黄豆是优质蛋白质的主要来源，黄豆也含有较多的卵磷脂，是促进大脑神经系统发育及增强记忆力的重要物质。但是黄豆吃多了容易胀气，所以应让孩子多吃豆腐、豆干、腐竹、豆芽等豆类食品。

8. 橙子

橙子含有大量维生素 A、B_1 和 C，属典型的碱性食物，可以消除大量酸性食物对神经系统造成的危害。考试期间适量吃些橙子，能使人精力充沛，有醒脑促进记忆力作用。

小贴士

作为合格的家长，应该知道怎样给孩子合理搭配饮食，做到让孩子均衡摄取营养。所以，家长们不妨空闲的时候多阅读一些有关营养方面的书籍，学习一些科学搭配饮食的知识，改进烹调技术，经常给孩子换换口味，这样他吃起饭来才更有食欲。

Part 6

兴趣的培养，兴趣是最好的老师

6 兴趣的培养，兴趣是最好的老师

爱因斯坦说："兴趣是最好的老师。兴趣能够让人更多地接触该领域的内容，让人积极主动地寻找答案，让人在不知不觉中复习或重温。兴趣还能够激活思考。在很多时候，兴趣就是学习的方向，梦想的来源。"所以，从小培养孩子的兴趣，是家长义不容辞的责任。

No.1 兴趣是培养天才的起点

18 世纪，法国伟大的哲学家、教育家、文学家、启蒙运动最卓越的代表人物之一卢梭，在他的教育名著《爱弥儿》里曾经说过："问题不在于教他各种学问，而在于培养他有爱好学问的兴趣，而且在这种兴趣充分增长起来的时候，教他以研究学问的方法。"可见，培养孩子，不在于教会他多少知识，而是启发他的兴趣，让孩子在兴趣中自己学习知识。

日本的木村久一曾经说过："如果孩子的兴趣和热情得以顺利发展，就会成为天才。"遗憾的是，许多家长对孩子进行早期教育的过程中，往往忽视对孩子兴趣的培养，在孩子的许多兴趣刚刚萌芽时便将它无情地扼杀了。其实，孩子只要智力正常，极易对周围的事物产生兴趣，并在日后取得成就。

和所有家长一样，乐乐的爸爸妈妈对自己的孩子也寄予了厚望，希望她将来能有所作为，能青出于蓝而胜于蓝。因此，从女儿一出生，他们就有意识地把培养孩子的兴趣、爱好作为教育的重点。女儿从小就很顽皮，1 岁时就可以握笔"涂鸦"了，经常喜欢拿着一支笔到处乱涂，甚至涂到了爸爸用来开会的笔记本上。但爸爸并没有生气，反而鼓励孩子多画画。

随着孩子的渐渐长大，在家长有意识的培养和引导下，女儿的绘画天赋逐渐地崭露出来了。抓住这一特点，要积极鼓励、正确引导，尽量多给女儿提供能够发挥特长的环境，在家中挂起了一块小黑板，让女儿随心所欲地在上面涂抹。

有时，孩子在洁白的墙上随意画画，他们也没有生气、训斥她。反而，面对孩子画的她心目中的太阳、公鸡和大树等时，都及时地给予大力的赞赏，结果使孩子的兴趣大增，孩子在没有任何心理压力的情况下，发挥着自己的特长。

家长还应经常抽空带女儿出去走一走，看一看，在心情愉悦中迸发出了绘画的灵感。同时，还要随时保护孩子的积极性，对她哪怕是一点微小的进步，也给予了高度的评价，为了让女儿感受到自己的进步。他们还采取了一些方法，如把她的作品一张不少地保存下来，让她自己看看，自己比较，体验进步。

家长还让女儿当小老师，促进孩子兴趣的发展，在适当的场合，他们也给孩子一个展示自我的机会，还特地送孩子到少年宫去请专业老师给予一定的绘画指导，使孩子在绘画方面受益匪浅。妈妈对女儿说："既然你选择了学习绘画，那你就要认真坚持学习，不能三天打鱼、两天晒网。"结果，在她 6 岁时，就获得了市里美术比赛幼儿组的第一名。

那么，家长要怎么发现、培养孩子的兴趣呢？

根据孩子的特点培养孩子的兴趣

孩子刚刚来到这个世界、接触这个世界，什么东西都能引起他的好奇。但每个孩子的个性不尽相同，对事物的兴趣也就千差万别了，有的孩子喜欢画画，整天拿着画笔到处画；有的孩子喜欢音乐，电视里一有音乐，他就跟着哼起来；有的孩子记忆力好，喜欢看故事书，看完还能给爸爸妈妈讲等等。

这些都是孩子早期表现出来在某一方面的天赋，作为家长，我们要时刻保持敏感，对孩子的兴趣及时发现，及时引导，让孩子不断地发展自己的兴趣，在兴趣中学习知识。

尊重孩子的兴趣爱好

有的孩子喜欢做手工，比如捏橡皮泥、剪纸之类的，房间里、桌子上、床头堆满了各式各样自己的“得意之作”。但有的家长却嫌他把屋子弄脏、弄乱了，于是在帮他们收拾屋子时，把孩子的“宝贝”全部扔了，结果使孩子大哭一场。这说明家长不能根据自己的好恶决定孩子的兴趣，对与自己不喜欢的事物，也阻止孩子去做，对孩子横加干涉。这样只会扼杀孩子的个性，影响孩子的身心健康，阻碍孩子的智力和其他能力的发展。

所以，家长要明白孩子是独立的人，他有自己的喜好。家长要做的就是尊重孩子的兴趣，经常抽时间陪他们一起游戏、活动，与他们交流感情，欣赏孩子的兴趣，去发现他们的才能，对孩子进行正确的引导。

培养孩子的兴趣应循序渐进

培养孩子的兴趣应循序渐进，不能急功近利，违背孩子成长的自然规律。在这个过程中，家长要看到孩子一点一滴的进步，表扬他、鼓励他、支持他；可以多采取一些方法，如把作品保存下来，让他自己看看、听听，自己比较，体验进步；让孩子给别人介绍自己的兴趣，提高孩子的成就感；在适当的场合给孩子一个展示自我的机会，比如参加一些比赛等等。家长还要孩子知道进步是一点一点的，不能急于求成，这样才能让孩子的兴趣持久。

家长不要对孩子期望过高

很多家长对孩子的期望很高，认为培养孩子的目的就是为了成名成家，孩子喜欢画画就想把孩子培养成毕加索，孩子喜欢音乐就想他能成为贝多芬。这样只会让孩子产生过重的心里负担，不利于孩子心理的健康发展。家长应该走出这个心理误区，从培养孩子的能力出发去培养兴趣，比如音乐应是以音乐为手段，培养对音乐的感觉，对音乐的兴趣，欣赏高雅音乐的能力，陶冶孩子的情操，不要给孩子掺杂过多的功利思想，也不要把期望仅圈在几十亿分之一内。

培养孩子兴趣、爱好和特长的方式、方法很多，不能一概而论，每位家长应根据自身不同的条件和孩子的不同表现，因人而异，因材施教，这样才能获得成功。家庭美育是一门学问，如何培养孩子的兴趣、爱好，发展其个性特长，是家庭美育的核心和重点内容。作为家长，必须通过不断学习来丰富自己，努力当好孩子的启蒙老师。

小贴士

兴趣和好奇心有密切的关系，好奇心能促进兴趣的发展，如果孩子没有特别感兴趣的事情或是活动，家长可以从激发孩子的好奇心入手，经常给孩子提一些问题，带孩子去他不熟悉的环境，让孩子在陌生的环境中激发好奇心，发现并打开兴趣之门。

No.2 如何提高孩子的学习兴趣

小卡尔威特所著的《后天神童》中有这样一段话：人都喜欢做自己愿意做的事，只要有兴趣，多大的困难都能克服；如果不喜欢，不论怎样强迫都产生不了作用。对孩子学习兴趣的培养也一样，学习不是负担、更不是烦恼，让学习成为孩子的兴趣爱好，才是最好的驱动力。

学习是人类进步的必要手段，想让我们的孩子成长，成为有用的人，就离不开学习。越来越多的家长重视到学习的重要性，也希望自己的孩子能学习各种知识，但有的孩子明显对学习不感兴趣。

其实，孩子不是对学习没有兴趣，而是家长不知道怎样培养孩子的兴趣。孩子最初来到这个世界上，就像一张白纸，家长怎样描绘，他就呈现什么样的图画。想让孩子对学习有兴趣，家长有没有采取正确的培养方法？都说家长是孩子的第一任老师，那家长有没有成为一名合格的老师呢？有的家长只是知道要孩子学习，却不采取正确的方法引导，甚至在孩子拒绝学习的时候还打骂责罚孩子，这就更加打击孩子的学习积极性。

那么，作为家长的我们要怎样正确引导孩子的学习兴趣，爱上学习？

从孩子的好奇心、求知欲入手

每个孩子都特别爱问"为什么"、"这是怎么回事？"，特别是幼儿时期的孩子。他们对什么都好奇，都新鲜，想知道个究竟。面对孩子千奇百怪的问题，有的家长被问得张口结舌，有的则会不耐烦，不愿意被孩子缠得没完没了。其实这些问题恰恰是孩子求知的萌芽，家长面对孩子一个接一个的问题，应该耐心地用通俗易懂的语言给孩子解释，引导孩子阅读儿童科普读物，如《十万个为什么》等，多带孩子到大自然中去，让孩子对一些物理现象有感性的认识。如果孩子没有问题，家长还要主动给孩子讲，也可以提问孩子。当家长引起了孩子的好奇心，就不怕他不想知道答案了。不要以为孩子小、听不懂，其实在他们似懂非懂的时候，也能了解许多知识。孩子们的大脑是非常活跃的，家长们不能忽略从小对孩子学习兴趣的引导。学习不是只有进入学校才有的。

让孩子体会到成就感

要提高孩子的学习兴趣，先要使孩子尝到成功的滋味，如果孩子一旦灰心失望就永不会有进步。比如，当孩子的语文好而数学差，在做功课时，就先让他做语文作业，然后再做数学作业，如果程序相反，不仅数学作业做不好，而且连语文也不会有所进步。在做数学作业时，也要让孩子先做些简易的题目，然后再让他做些较难的题目，以增强孩子的自信心。孩子有了自信心就能克服困难，往往变得对学习有了兴趣。

赞美孩子，鼓励孩子

曾有一位家长让自己两岁半的孩子学绘画，本想是培养孩子对美术的兴趣，可当家长看到孩子把小鸟画成了四不像时，就忍不住说孩子“你怎么画的啊，真是太笨了！画的是什么呀？”孩子听家长这么一说，学习的积极性肯定受到了很大打击。因为家长是孩子心目中第一个权威的评价者，他们特别渴望得到家长的肯定，有了家长的肯定他们会有成就感。

可是家长们往往没有意识到这一点，经常毫不负责任地、轻而易举地摧毁了孩子的自信心和兴趣。家长在抱怨孩子不爱学习，没有学习兴趣的时候，也应该问问自己平时怎样对待孩子的。所以，当孩子表现优秀，做的出色时，家长要适时的给孩子一些表扬，让孩了觉得家长因为他们开心和骄傲；可当孩子做得不好或者失败时，家长不要急于否定孩子，要先发现孩子有创造性的一面，用赏识的眼光看待孩子，然后再鼓励他们，指出他们要努力的地方。这样孩子才更乐于接受，才会有继续学习的兴趣。不少事实表明，鼓励是促使孩子产生学习兴趣、认真学习的最有效的手段。

不要打扰孩子学习

在孩子学习时，家里的人不要在孩子身边大声说话，更不要旁若无人地看电视或听收音机，保证孩子能在安静的环境中学习知识，这样才有利于孩子集中注意力。如果住房较紧的话，可在客厅一角或在卧室的一角，安放孩子自用的书桌和椅子，每天让孩子在这里看书和学习，这个角落应是“他”的。孩子对这个角落有归宿感和占有感，这样，孩子做功课时，才会更加专心，集中注意力。

和孩子一起学习

家长是孩子的榜样，家长总是督促孩子学习，有没有为孩子做出良好表率，起到带头作用呢？如果家长一有时间就是看电视，打麻将，在这种环境下，孩子能有学习兴趣，安心学习吗？所以，要想要自己的孩子爱学习，有学习兴趣，就要给孩子创造良好的家庭环境，让孩子生活在书香四溢、学习氛围浓郁的环境中，他自然而然就爱上了学习。

小贴士

要提高孩子的学习兴趣，家长要避免急躁情绪，不能操之过急，不能强迫孩子学习。如果逼得太紧的话，孩子就会变得焦躁，不耐烦，潜意识地产生反抗情绪，甚至变得善忘，会一下子把刚学的东西全部遗忘掉。

No.3 抓住孩子兴趣的特点

美国教育家杜威认为："成年人只有通过对儿童不断的观察，才能够进入儿童的生活里面，才能知道他要做什么，用什么教材才能使他学习得最起劲、最有成效。"可见，对于家长来说，最重要的是经常细心地观察孩子的兴趣，抓住孩子兴趣的特点。

孩子虽小，但他们也有着鲜活的思想和情感，有自己的兴趣。兴趣是在较大的生活背景下对其中某些事物的偏好和主动关注。孩子的兴趣是一种非常宝贵的资源。因为，孩子产生兴趣才会关注，才有学习的欲望。这是培养孩子学习的基础、前提。首先要了解孩子兴趣的特点：

1. 不稳定性

孩子的兴趣表现出一定的不稳定性。日常生活中我们已经注意到孩子的兴趣会随着时间的延伸而发生改变，今天喜欢画画，明天喜欢踢球，看到新鲜的东西总想了解一下，时间长了，就会被他"抛弃"，喜新厌旧是孩子的天性。

2. 可塑性

孩子的兴趣有一定的可塑性。常听家长抱怨说，我们的孩子对什么都感兴趣，就是对学习不感兴趣。其实不然，只要用合适的方法引导，孩子的兴趣在一定程度上是可以改变的。孩子的兴趣，可以因为我们的某个举动而丧失；而当孩子失去了不应失去的兴趣时，我们也可以想办法帮助孩子成功恢复兴趣。

3. 广泛性

孩子的兴趣具有广泛性。从一定意义上说，孩子的兴趣就好像孩子的胃一样，生来就已经准备好接受任何“食物”，只是由于经过外界环境长期潜移默化的熏陶，而对不同的事物表现出的兴趣程度不同而已。

4. 从众性

孩子的兴趣会受到周围人的影响，随着同伴的兴趣而发生改变。他看到别人做什么，自己也想试一试，这样一是为了证明自己的“实力”，二是为了和小朋友更有共同语言。兴趣是可以“传染”的，对于孩子来说，尤其如此。一个孩子投入地做一件事情，经常会引得他的小朋友纷纷加入。好事如此，坏事也如此。如果希望孩子保持对某种兴趣的热情，最好多让他和那些也有这种兴趣的孩子牵手结伴。

那么，知道了孩子兴趣的特点以后，家长要怎样做才能抓住孩子的兴趣呢?

与孩子共同活动，发掘孩子的兴趣

在日常生活中，家长尽量和孩子一起参加活动。比如与孩子一起逛街、逛公园、逛书店或出去郊游，走进大自然，留心孩子感兴趣的商品、书籍、景物等，做个有心人。此外，还可以跟孩子一起写字、画画、读书、做纸工、修理日用品、做家务……只有家长多和孩子在一起，才能发现孩子有什么兴趣，在那些方面有特长。

有意识地创造环境

如果你希望孩子喜欢音乐，那么最好让孩子尽可能多接触音乐：家里常播放好听的音乐，看关于音乐的电视节目或电影，听音乐会，买些关于音乐的书籍，结交懂音乐、爱音乐的朋友，更重要的是，家长自己喜欢音乐，和孩子一起徜徉在音乐的世界。如果你希望孩子喜欢科学，就经常带孩子去参观各种博物馆，给孩子买些关于科学知识的科普读物，让孩子尽情的了解世界，了解宇宙，人类向来都是向往地球之外，孩子也一样。家长给孩子这样的书籍、资料，孩子就会有兴趣去探索发现。总之，你想要孩子喜欢什么，对什么有兴趣，就尽量有意识地给孩子创造这方面的环境，让孩子耳濡目染。

把握孩子产生兴趣的机会

孩子经常能够体现出对某一事物的好奇心和求知欲，但还只是暂时性的，没有想深入了解的念头，还没有形成一种兴趣。家长此时就要让孩子把好奇心转化成兴趣，这就是抓住了第一次机会。当孩子在家长的引导下产生了兴趣，这种兴趣能否持续下去，能否得到更进一步的发展，就要看家长有没有在孩子显露兴趣时，给予扶持和帮助，给孩子足够的尝试机会，并予以正确的引导。经常地欣赏、赞扬孩子的作品，能给孩子以极大的鼓励，使他信心百倍地投入自己感兴趣的事物中。这是培养孩子兴趣的第二次机会，家长只有把握这两次机会，孩子才能产生持久的兴趣。

让孩子体验成功

一种活动倘若能经常带给孩子成功的经验和进步的机会，它就会顺利地发展成为孩子的兴趣。孩子在兴趣中不仅认识了世界，同时也在认识着自我。获得成功就意味着使孩子认识到自己可以做的很好，给了他们自我肯定的经验。这就会使他们产生出继续进行该项活动的愿望和动力，随着成功次数的不断增加，孩子也会越来越有兴趣。

所以，抓住孩子的兴趣，应该从能使孩子获得成功的事情入手。但是，要使孩子的兴趣保持下去，必须要不断提高活动的难度，使孩子能够在克服困难的探究事物奥秘的过程中，逐渐培养、发展和产生新兴趣。兴趣不仅是克服困难的动力，而且也是克服困难的结果。

小贴士

抓住孩子的兴趣，家长可以经常一起和孩子看书，逛书店。观察孩子喜欢什么内容、什么形式的知识，比如孩子是喜欢童话故事还是喜欢科普知识，是喜欢图片多的书籍还是文字有意思的书籍，通过不同表现，家长及时发现孩子的兴趣和潜能，进行进一步的开发，使孩子的兴趣转化为特长，将来变成孩子的优势。

No.4 培养孩子的好奇心可开发兴趣和智力

一位哲人曾经说过："知识是一种快乐，而好奇心则是知识的萌芽！"孩子正是因为有了好奇心，才有兴趣去了解，学习到知识，开发智力。孩子的好奇心往往就表现在一些细微之处，就在那一个个的"为什么"中。家长要积极保护孩子的好奇心，积极引导孩子的好奇心，使之成为孩子学习的动力。

好奇心是人们对新奇事物积极探求的一种心理倾向。孩子的好奇心与生俱来，对于不懂的东西，没见过的事物总要问个为什么，都喜欢摸摸看看。好奇心能促使孩子产生兴趣，孩子在问为什么的过程中就是思考的问题，从而开发了孩子的智力。

妈妈最近给齐齐买了一辆电动玩具车，齐齐喜欢的不得了，天天拿着玩。可有一天，妈妈看见齐齐在拆他的玩具汽车，妈妈生气地问他："你为什么把你的汽车拆了？你不是最喜欢的吗？"妈妈的语气里带着责备，齐齐听了害怕妈妈说他，就哭了。妈妈安慰他说："没事，齐齐，妈妈只是想知道你为什么要拆你喜欢的玩具呢？"

齐齐眼里带着泪花说："我看到外面的汽车都有人开，我觉得我的汽车里也有人在开车，所以它才会动的，我就是想看看是谁在开汽车，我要和他一起开汽车。"妈妈听了，没有再责备孩子，而是耐心地给孩子讲解了电动玩具是怎么动起来的。齐齐看着妈妈，开心地说："我以后也要发明一种像电动玩具一样可以自己动的汽车。"

这位妈妈做的很好，她及时地保护了孩子的好奇心，让孩子对知识产生了兴趣和学习的积极性。这样，孩子在以后的生活中会更加努力地发现问题，这样他才能学到更多的知识。

No.5 激发对学习本身的兴趣引导智力

列夫·尼古拉耶维奇·托尔斯泰，19世纪末20世纪初俄国最伟大的文学家，也是世界文学史上最杰出的作家之一，他曾经说过："成功的教学所需要的不是强制，而是激发学生的兴趣。"因此，家长要做的是激发孩子对学习本身的兴趣，使孩子在愉悦的气氛中学习，不断提高孩子的智力。

孩子进入适龄年纪以后，就要进入学校进行系统的学习。我们这里说的学习，专指学生的学习，是在教师指导下，有目的、有计划、有组织、有系统地进行的，是在较短时间内接受前人所积累的文化科学知识，并以此来充实自己的过程。这种学习是由教师按照教学大纲教授系统知识，孩子系统地学习知识，掌握知识，在每个学期末由考试成绩测验孩子的智力水平、学习能力，以体现孩子的各方面成绩和表现。

有的家长就说，孩子在上学以前非常喜欢看书，喜欢学习，总是有很多“为什么”；可上了学以后，孩子变得不爱上学，不爱学习，害怕考试，成绩不但没有提高，还总是下滑。家长不明白，为什么孩子上学以后的学习能力下降了？有的家长遇到这种情况就认为是自己的孩子笨，智力水平不如别的孩子。在遇到孩子学习成绩不理想的时候，家长一味的责骂孩子是笨蛋，蠢货，大多数孩子在经历了一两次没考好之后就对学习失去了兴趣和信心，学习越来越差。

其实，大多数孩子的智力水平不相上下，智商特别高的和智商特别低的只是一小部分。要想了解孩子学习差的原因，就要多和孩子交流；要想提高孩子的学习成绩，首先就要让孩子对学习本身产生兴趣；有了兴趣才有学习的动力，才能谈提高成绩。

那么，家长要怎么激发孩子对学习本身的兴趣，从而提高智力？

用兴趣激发孩子的学习动力

路路小时候很喜欢听故事，整天缠着妈妈给他讲故事。在孩子还不识字的时候，妈妈一边给他讲故事，一边告诉他："书里头有很多很多故事，你如果学会了认字，就可以自己看了。"当孩子产生了学习识字的强烈愿望时，妈妈又抓紧各种时机，利用多种方式教他认识字，比如妈妈会把讲过的故事里简单而重要的字教给孩子，一天就 3～5 个字，不多教。等明天讲故事的时候，再把昨天讲过的故事重复一遍，顺便也温习了昨天学的字，就这样，路路很小就认识很多字了。

因此，从小培养孩子的求知欲，对学习的兴趣，就可以让孩子具备努力驱使自己学习的动力，自发、自觉地去探求知识的宝库，不会因以后失去家长的教导、帮助而失去学习和求知的动力。用兴趣激发孩子的学习动力，能让孩子受益一生。而且，孩子在学习中出现了问题，家长不要马上告诉他解决的办法或者答案，而是要鼓励孩子自己去读书、查阅资料，这样才能锻炼孩子的学习能力。

有效的学习方法让孩子学习更轻松

作为家长，要清楚地明白这样一个道理："授人以鱼，不如授人以渔。"教给孩子一个学习的好方法，要比为孩子报班学习，买各种学习用品更重要。有的家长一看孩子学习成绩下来了，就让孩子上这补习班，上那提高班，再不就是给买各种昂贵的学习机，但孩子的成绩还是依然没有提高。所以，家长要明白，只有正确的学习方法，才能让孩子提高成绩。

家长可以这样指导孩子：让孩子精心制订学习计划，制定学习目标。计划目标要符合孩子的学习情况，切不可盲目拔高。让孩子巧妙运筹学习时间，在合理的时间内完成学习，这样有利于孩子集中注意力。让孩子讲究用脑艺术，学会科学用脑，在各个不同时间段分配记忆不同知识。善于发现问题，提出疑问，然后自己解决问题，在自己解决不了的情况下，寻求老师、家长、同学的帮助。让孩子知道不耻下问是一种好的学习精神，要鼓励孩子问问题。在学习过一段时间后，要对学习进行总结，自己学会了什么，记住了什么，还有什么没搞明白。总结，有利于孩子了解自己的学习现状。

让孩子体验成功的乐趣

学习是一个苦差事，如果只是一味地苦读，尝不到一点收获成功的回报，时间长了势必会厌倦。所以，对孩子的点滴进步和成功，家长都应看到并给予适当的表扬或鼓励，哪怕是一句“今天很不错”的话。孩子体验到成功的快乐，从而自己激励自己再下苦功夫去争取更大的成功。当孩子尝到这样乐趣后，即使给孩子加大学习量，孩子也容易接受了，因为孩子从中感到了快乐。

不要急于求成

俗话说：“欲速则不达。”不能强迫孩子学习，逼得太紧的话，孩子会变得焦虑、不耐烦，使他感到学习是件“苦差事”，潜意识中产生反抗的情绪，因此变得善忘，一下子就会把刚学过的全部遗忘。所以，在激发孩子学习兴趣，提高孩子学习成绩的过程中，要循序渐进，要稳中求进，不能让孩子一口吃个胖子。

作为家长，我们应敏感地发现孩子的兴趣，从孩子本身的爱好出发，并按照孩子自身学习兴趣发展的规律，因势利导地加以培养。当孩子学习遇到困难、成绩不好时，想方设法给以鼓励、引导，提高其学习积极性，这样使孩子保持浓厚的学习兴趣，提高学习成绩，提高智力。

小贴士

家长在指导孩子学习的过程中要把握好时间的度。这是因为孩子注意力集中的时间不长，6 岁的孩子在家一次连续做功课的时间不要超过半小时，如果忽视孩子的精力集中时间，强迫孩子长时间做功课、不休息、不活动，不仅对孩子的健康不利，而且还使孩子对功课产生厌烦情绪，更谈不上提高孩子的学习兴趣了。

No.6 兴趣可以激发孩子的意志力

19世纪法国伟大的批判现实主义作家巴尔扎克曾经说过："没有伟大的意志力，就不可能有雄才大略。"可见意志力对一个人成功与否有着不可估量的作用。孩子特别是0～6岁的孩子做事都是凭兴趣。那么，兴趣就是激发孩子意志力的最好办法。其实在孩子单纯的思想里只有喜欢什么，不喜欢什么，是没有"困难"二字的。要想激发孩子的意志力，克服困难，关键在于家长是否能找到可以激发孩子意志力的兴趣。

意志力是指人通过有目的的自觉的支配和调节自己的行为，来达到或完成目的和任务的过程。一个意志坚强的人在遇到困难时会勇往直前，有很强的毅力；而一个意志不坚强的人遇到困难时就会很快退缩、放弃。意志力是实现自己生活、学习、工作直至人生目标的重要品质，孩子意志力是否坚强，决定他能否成功也就可想而知。

新生儿是没有意志的。在婴幼儿会说话，有意识的控制自己行为的时候，说明孩子已经有了最初形式的意志，这时要鼓励孩子自己的事情自己做。因为，孩子在2岁以后，他的兴趣不再是基于原始冲动，他们将注意力集中在了某些事情上时，具有一定的智力目的。这种集中的过程能使儿童感到愉悦、轻松和满足。而把注意力集中在感兴趣的事情的同时也就激发了孩子的意志力。因为此时孩子还小，不能长时间集中注意力，而他为了做自己喜欢的事情就要长时间集中注意力于感兴趣的事物上，这样互动的过程就是激发孩子意志力的过程。

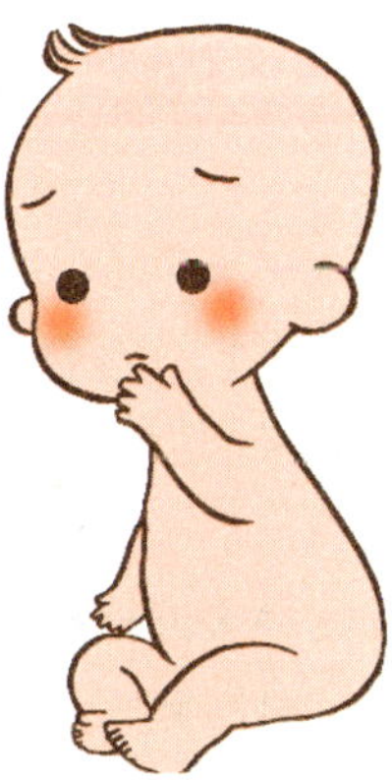

比如，当孩子刚刚会走的时候，他喜欢自己到处走，但还不是走的很稳。当他走路摔倒时家长鼓励孩子自己站起来，就能增强孩子意志力。

而孩子的0～6岁是孩子人生中建构自我的时期，当孩子进入7岁以后，很少能够像6岁以前那样做自己兴趣的事情了。所以说孩子意志力形成的过程，基本还是在0～6岁的时候。

那么，家长要怎样利用兴趣激发孩子的意志？

根据孩子的兴趣，制定适合孩子的目标锻炼意志力

家长应该根据孩子的兴趣，指导和帮助孩子制定短暂和长远的目标，使孩子有努力方向。孩子心中有了目标，他就知道要为什么而努力了。在这过程中，表现出坚毅、顽强和勇气。但目标一定要恰当，应该使孩子明白不经过努力是达不到的，但稍经努力又能达到。太难或太易达到的目标都不能使孩子的意志得到锻炼。另外，目标如果是合理的，那就应当要求孩子坚决执行，直到实现为止，不可迁就，更不能半途而废。

根据孩子的兴趣，为孩子选择一个体育项目

一些体育运动项目，尤其是考验耐力的项目，比如爬山、行走、长跑等等，对于培养孩子的意志力是非常有效的。同样，首先要确定孩子喜欢什么样的体育活动，只有孩子对这项体育运动有兴趣，他才能自觉自愿地投入。

给孩子指定一个体育目标，比如此次运动要到达山顶或者骑车多少千米。然后，与孩子一起享受这项运动。在这一过程中，要注意及时地鼓励孩子，同时还要讲究科学的运动方法，不要把孩子累伤了。这种体验能够直接地让孩子体验到意志对潜力激发的巨大作用，重新认识自我，从而树立自信。而将这种品质发展开来，就形成了孩子面对生活、学习和工作上的意志力。

在孩子的兴趣中，适当让孩子经受困难

坚强的意志是磨练出来的，越是在困难的环境中越能锻炼人的意志力。家长应该有意识地给孩子设置点困难，在孩子从事自己喜欢做的事情的时候，为他们设置一些小障碍，使他们在生活的道路上有点小小的坡度。倘若把孩子前进道路上的障碍全部清扫干净，他现在可能平平安安，日后他就会失去抵抗挫折的能力。比如孩子要玩他喜欢的玩具时，家长可以先把玩具藏起来，和孩子一起玩找玩具的游戏。在游戏的过程中，孩子会提

高注意力，提高意志力，不断搜索自己喜爱的玩具。在孩子0～6岁的时候，利用兴趣才能更好的锻炼孩子的意志力。

让孩子学会调节消极情绪

在锻炼孩子意志力的过程中，孩子会受到各种消极情绪的干扰，消磨孩子的意志力，比如遇到困难时，孩子会自我怀疑；还可能因为对困难的无知导致恐惧、烦躁、焦虑等思想与情绪的出现。这时，家长要让孩子坚定信心，让孩子知道做自己喜欢的事情就要勇于付出，不怕困难。家长可以通过一些激励的口号、故事、名言、经验等，来帮助孩子调整情绪和思想，使孩子重新确立信心，并且一定战胜眼前的困难。

小贴士

人的意志品质与性格特征有着一定的关系。因此家长在培养孩子意志力时，还应该充分考虑孩子的不同心理特点。对性格内向的孩子应加强果断性和灵活性的锻炼，培养他大胆、勇敢、坚毅的意志品质。对外向的孩子则应加强培养他们的自制力，同时有意识地培养他们的忍耐、沉着、克制的品质。

No.7 激发孩子读书的兴趣

著名诗人歌德说："读一本好书，就是和许多高尚的人谈话。"诗圣杜甫提倡"读书破"开启孩子们的知识殿堂之门，让书香溢满童年，让读书伴随孩子快乐成长。从小激发阅读兴趣尤为重要。"读书破万卷，下笔如有神"，强调了多读书广集益的好处。所以，家长就要用读书这把"金钥匙"，打开孩子的兴趣之门。

现在，越来越多地听到家长说孩子不爱看书了，每天坐到电视前一看就好几个小时，家长用电脑他也会凑过来，而且有的孩子自己电脑玩的也不错，就是不爱看书。家长们为孩子的不看书是越来越发愁。其实，只要家长们仔细想想，现在的孩子生活在物质条件极其丰富的条件下，他们不看书一样能从电视上、网络上看到世界，学到知识。而且这种集视觉、听觉于一体的媒介更能吸引孩子，特别是0～6岁孩子的注意力。所以，孩子爱看电视不爱看书也就不难理解了。

但阅读对于孩子，特别是0～6岁孩子，有着非常重要的作用：

1. 阅读有助于孩子大脑发育

从人脑发育的特点来看，大脑在人体各种器官中发育最早、最快，是人类生存和发展的最重要的器官。孩子从2岁开始就有了阅读的能力，而且越接近0岁，学习语言能力也就越强，并且他们具有强烈的阅读欲望和学习欲望。如果家长给予正确的引导，孩子到7岁入学前，他们可能具备极其丰富的知识。这些知识的总量有时往往要超过以后一生所学的知识，而且只有0～6岁的孩子才能具备魔术般的吸收能力。因此，0～6岁是孩子一生成长中最为重要的时期，6岁之后就会有所差异，而对于他的阅读能力的开发期也是1～6岁。这之后，他们的学习能力会随着年龄的增长而出现递减的现象。因此，不能错过最佳开发期。

2. 在5岁以前是孩子语言发展的关键期

幼儿在关键时期缺乏最基本语言接触和训练，这个幼儿将很难学会语言，印度的两个“狼孩”就是最好的例子。美国阅读专家乔治 · 史蒂文斯认为：教育史上危害最大的错误认识，即各种阅读教育都应当放到孩子6岁以后进行。所以，抓住幼儿智能开发的“关键期”会收到事半功倍的效果，如果错过了“关键期”将会造成终身的遗憾。

3. 阅读能提高孩子记忆力

中国著名的记忆专家王维认为：“许多智力活动都能使孩子聪明起来，但都是局部的、零散的，其效果有一定的限度，而识字阅读教育可以使知识系统化，在此基础上的智能开发是无止境的。”苏霍姆林斯基认为“阅读越早，对智力发展越有益，孩子的阅读越早，阅读时思维过程越复杂，阅读时对智力发展越有益，7岁前学会阅读，就会练就很重要的一种技能，边读边思考边领会。”

那么，如何激发孩子读书兴趣呢？

家长给孩子朗读

美国教育家杰姆·特米里斯认为:“培养孩子的读书兴趣要从小开始,要依靠父母来‘诱发’。”家长应从孩子很小的时候就养成为孩子朗读的习惯,每天20分钟,持之以恒,孩子对阅读的兴趣,便会在家长抑扬顿挫的朗读声中渐渐产生了。

因为孩子听读可以集中他的注意力,有利于扩大词汇量,并能激发想像,激发孩子的好奇心。在每天20分钟的听读中孩子会逐渐领悟语句结构和词意神韵,产生想读书的愿望,并能初步具备广泛阅读的基础。家长为孩子听读应越早越好,家长选取的朗读内容应生动有趣,能吸引孩子,随着孩子年龄增长,内容可逐步加深。

有一位妈妈这样讲述自己的经验:

现在,每天晚上都会给蒙蒙读一两篇有趣的童话故事,他也是听得津津有味。每天他都是伴着读书声进入梦乡的,这样已经做了很久了。两岁的时候,他会每天都缠着妈妈给他讲故事,读文章。有一天妈妈忙着收拾家务没来得及给他讲故事,他就一直没睡,等着妈妈。

3岁的时候,他就会主动自己读书了。当然了,妈妈还得继续陪着他,耐心地给他讲解他不会和不明白的生字和单词。现在小家伙认识很多字了,特有成就感。妈妈想:等到他上学的时候,就不操心他的阅读学习了。

让孩子从看电视动画片转向读卡通书本

孩子从呀呀学语起,对电视等视觉听觉基于一体的东西有很大兴趣。此时,家长可以选择一些图文结合的、有趣的、体现出孩子日常接触多的内容的图书进行阅读。或者当孩子刚看完某部电视动画片,顺着孩子的兴趣热点未减退,引导孩子阅读一些卡通书本。这样,孩子阅读才会有兴趣,觉得有意思。

家长和孩子一起阅读

有的家长经常说自己的孩子不爱看书，可家长自己爱看书吗？家长们是不是一下班就把电视电脑打开，一有时间就凑到电视电脑前。在这样的家庭环境中，孩子感觉不到读书的氛围，而且觉得自己一个人看书没意思，家长也不关心他们。所以就不喜欢看书，而是跟着家长一起看电视玩电脑了。

培养孩子爱阅读的习惯就要从家长做起，给孩子树立一个好榜样，在和孩子一起阅读的过程中，让孩子感受到家长对他们的阅读内容有兴趣，并能解释他们不明白的问题。这样孩子才有长久的阅读兴趣，使孩子将阅读当成很愉快的事。

经常和孩子逛书店

逛书店是激发孩子阅读兴趣的好办法。因为带孩子逛书店就像把孩子带入了知识的海洋。书店中有各种各样的书，能极大的吸引孩子的注意力，引发孩子的好奇心。而且书店有良好的阅读氛围，当他看到周围的人都在认真阅读时，他就会产生一种阅读的欲望，自然而然的就走进了知识的殿堂。所以，家长在带孩子出去玩的时候，不妨多选择去书店，让孩子感受知识的魅力，体验阅读的氛围，感受阅读的乐趣。如果和孩子一起玩智力游戏，可以一起玩识字游戏。

小贴士

家长应把书籍放在孩子能够得到的地方，使孩子随手就可以拿到。如果孩子在书上乱画或者弄皱了，不要责怪他，而要让他懂得爱惜书。孩子的天性好奇，喜欢翻阅自己的和家长的书。这种兴趣对培养他们的阅读习惯是非常重要的。还要多多鼓励孩子，因为有了家长的鼓励孩子就会读的更起劲。

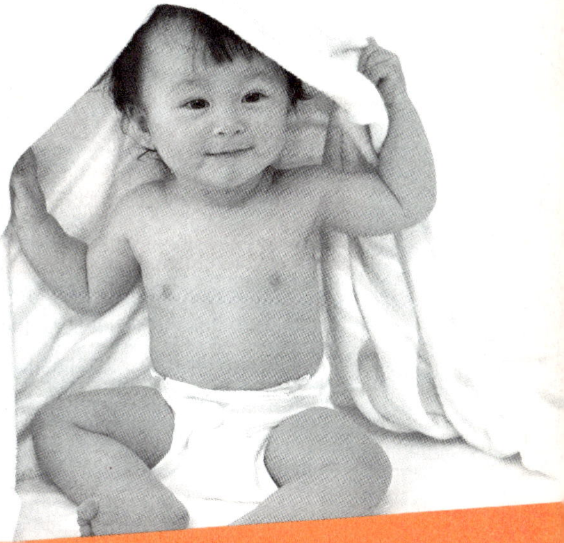

Part 7

社交能力的培养，不合群的孩子应该这样教

7 社交能力的培养，不合群的孩子应该这样教

社交能力是人在发展过程中起着重要作用的一种能力。一个孩子在童年时善于交际、有礼貌，这对他长大后乃至一生都有很好的影响；相反，一个小时候不善交际的孩子对他今后的发展也同样会产生不利的后果，如孤僻、过于内向等等。所以家长要在孩子0～6岁的时候就培养他们的社交能力。

No.1 刚出世的孩子就会交朋友

马克思曾经说过："人生离不开友谊，但要得到真正的友谊才是不容易；友谊总需要忠诚去播种，用热情去灌溉，用原则去培养，用谅解去护理。"马克思指的这种友情是成人世界的友情，而家长也认为这样才算是朋友。所以就应该懂得孩子，特别是0～6岁的孩子也会交朋友。但事实上，我们的孩子从小就知道怎样交朋友，甚至比家长们做的还要好。

很多家长都认为孩子上学以后才会交朋友，认为还小的时候不懂得什么是友谊，不懂得怎样交朋友，孩子们到一起就是争吵、打架，给大人们惹麻烦。于是希望孩子在家中老老实实的。其实，孩子们的友谊不同于我们成人的友谊，成人的友谊建立在彼此的支持、信任和尊重上，而孩子们之间的友谊更多的是在不友好中建立起来的。但孩子似乎并不记恨这种不友好。所以，家长不要用成人的规则来指导孩子的友谊。

与同龄伙伴的友情不同于孩子与爸爸、妈妈及其他成年人的关系，这可是孩子与他人建立一种平等关系的第一个机会，从这种关系中孩子学会了忍让、耐心和同情，以及其他以后用得着的各种社交技能。这对孩子以后的人际交往都是锻炼。那么孩子在与同伴的交往中都锻炼了那些能力？

1. 语言能力

交流激发了孩子说话的积极性，也为孩子提供了丰富的语言材料和模仿榜样。孩子在交往中逐渐积累词汇、懂得如何表达自己的喜怒哀乐，使孩子的语言能力得到极大的锻炼。不善于交际的孩子往往是少言寡语，因为他不知道怎样和小朋友“说话”，怎样让他们明白自己的意思，所以也就显得“笨嘴笨舌”了。

2. 提高智力

孩子在和人交往时，必定要集中注意力，才能正确表达自己的想法，做出恰当的反应。在发生矛盾冲突时，更需有分析问题、解决问题的应变能力，这些都有助于孩子的注意力、记忆力、想像力和思维力的提高，从而提高智力。所以，善于交朋友的孩子更加显得聪明伶俐，孩子的智力在交往中得到激励发展。

3. 增长情绪反应

孩子出生时，只有惧怕、愤怒等极少的几种原始情绪反应，在和人接触后，逐渐增长了新的情绪反应，如依恋，愉快等。一般正常交往中的孩子，在两三岁时已能表现出高兴、得意、喜爱、厌恶、嫉妒、激动等多种情绪。在交往活动和教育影响下，孩子的情绪自控能力也得到提高：逐渐学会约束自己的情绪和行为，这是情绪发展的重要方面。

4. 让孩子更容易融入社会

孩子最初只和妈妈或照料自己的人接触往来，随着活动能力增长和活动范围扩大，孩子会和更多的成人和孩子接触，这种交往使孩子感到愉快，激发孩子交往的积极性，促使孩子的交往活动更加广泛频繁，且能主动接近别人。社会交往使孩子直接领会什么行为会受到赞许，什么行为会被禁止，从而逐渐掌握社会已经确立的行为准则，并自觉依照准则行动。

随着独生子女家庭的增多，现在的孩子与外界进行交往的机会大大减少了，由于缺少与同伴进行交往的经验，导致很多孩子不善于与他人相处，不懂得与人交往的技巧，社会交往能力差。交际是一种能力，是可以培养的，而且应该从小培养。那么，家长如何让孩子怎样学会交朋友？

两个人玩正好。3 岁以下的孩子最好是两个人一起玩，如果有三四个孩子，他们就不知道怎样相互接触了，所以每次最好只给孩子安排一个玩伴，时间短点比较好。2 岁以下的孩子与其他孩子玩耍的时间最好不要超过 1 个小时。如果你感觉到孩子累了、烦躁了或是身体不适，那就赶快结束，以免扫了孩子交朋友的兴。

让孩子自己选择朋友

为孩子选择他喜欢的伙伴进行交朋友，家长别为了图方便，把你好朋友的孩子请来和孩子一起玩，即使孩子不喜欢她。要让孩子玩的开心，自然要和他喜欢的朋友在一起，这样他才能玩的开心，玩的尽兴，才能在和朋友的交往中提高交际能力。而且家长不要限定孩子交朋友的范围，不要自己认为孩子不喜欢什么样的朋友，只有孩子自己交往过，他才知道自己喜欢什么样的，不喜欢什么样的。

在游戏中多安排“小节目”

让小朋友们游戏中间吃点小点心。如果孩子们在一起玩得太兴奋，可以给孩子们吃些有营养的小点心，好让他们调剂、休息一下。事先计划好玩什么，安排一些孩子可以共同参与的游戏，如：玩具汽车比赛、用蜡笔涂鸦、赛跑等。让孩子们充分参与，家长要注意不要过量。如果你的孩子在与其他孩子玩耍时比平时更具侵犯性，老是哭，或是不太兴奋，这可能是孩子在抱怨：“太多了！”我们总以为孩子玩得越多对孩子越好，其实并非如此。孩子的玩兴是短暂的，要适量才好。

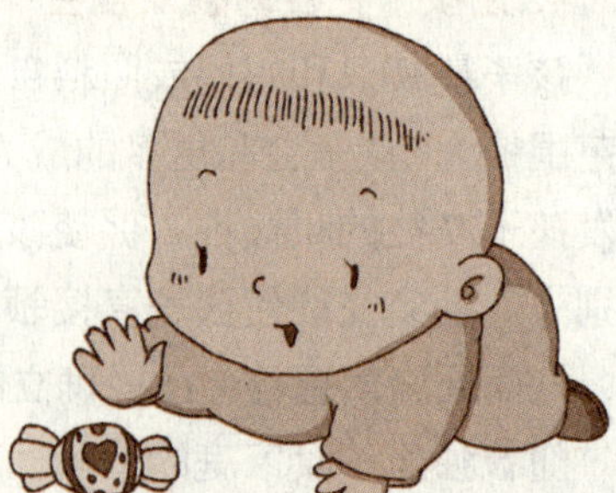

小贴士

3岁以后，随着孩子语言能力的发展和社交技能的完善，孩子间的友谊达到了更高的水平。他们交起朋友来更熟练了，一起玩玩具、做游戏，也学会了交往技巧。当孩子试着独自走向其他小朋友时，请给他正面的赞美和积极的鼓励，因为这是孩子学习独立与自信的机会。让孩子深切地感觉到探索世界的愉悦，及与人相处的互动，会带给孩子极大的乐趣。

No.2 孩子在幼儿园怎样与同伴相处

富兰克林曾经说过："希望被人爱的人，首先要爱别人，同时要使自己可爱。"所以，家长要从小教会孩子怎样与人相处。不能让孩子以自我为中心，不能太自私。要学会关爱别人，倾听别人。还要学会一定的社交技巧，才能使孩子更好地融入集体。

孩子走进幼儿园后，就半脱离了家庭，走进了学校这个小社会，而且离开了家长的怀抱，和那么多的同龄人在一起，就更需要知道怎样和同学相处了。

中班一个4岁左右的孩子，尽管入园已经1年多了，但至今未适应幼儿园的生活，每天母亲去接他的时候，总是看到他一个人玩；在亲子活动时，别的孩子都高兴给家长表演唱歌，只有这个孩子不会唱，老师对这孩子评价是很老实、听话。孩子妈妈看到孩子总是自己一个人玩孤零零的也很着急，问孩子："宝宝，你为什么不和小朋友一起玩呢？大家一起玩多有意思？"可孩子却说："我才不喜欢和他们一起玩呢，我自己一个人挺好。"妈妈也不知道孩子怎么了，为什么这么不喜欢与人交往。

相信很多家长也有上面那位母亲的疑惑。那么，家长要怎么教育孩子，才能让我们的孩子更好地与同伴相处？

了解孩子性格特点

有的孩子性格开朗，有一定的交往技能，“点子”多，比较会玩，发生矛盾的时候，会解决纠纷，属于“孩子王”类型的，这样的孩子在幼儿园比较受欢迎，没有什么交际障碍。有的孩子性格暴躁，经常和别的小朋友打架，上课违犯课堂纪律，破坏别的小朋友的活动，是老师比较头疼的学生，和别的小朋友也合不来，有一定的交际困难。还有一类孩子沉默寡言，想加入小朋友的游戏却不知道怎样开口，也不去攻击别人，但小朋友往往会忽略他们的存在，这样的孩子有一定的交际障碍，只要家长老师给予正确的引导，还是可以使孩子变得善于交际的。家长们在了解了孩子的类型以后，可以有的放矢地培养孩子在幼儿园的交际能力。

让孩子学会团结他人

如果孩子各方面都很优秀，老师也喜欢他，可小朋友们却不太愿意跟他玩。为什么？大概是因为他与其他小朋友们交往时有些傲气，有点霸道，这样才会让小朋友拒他于千里之外。如果想让这样的孩子能和小朋友友好相处，家长就该教育孩子要懂得尊重别人，团结同学。懂得站在别人的立场上考虑问题。学会与小朋友分享，这样才能受欢迎。

丢掉打架、捣乱的坏习惯

孩子有时打架，捣乱只是想用这种方法引起老师和小朋友对自己的重视，他们觉得只有采取一些“非正常方式”才能吸引注意。但家长和老师以及小朋友往往就事论事，对孩子的这种行为很反感，有时还会责骂孩子，这样就更加激起了孩子的逆反心理，让孩子更加“淘气”。所以当孩子有打架、捣乱的行为时，家长老师不能盲目的责骂孩子，先要了解孩子那么做的动机，如果是为了引起注意，那么家长老师就应多给孩子一些关注、温暖，经常表扬他的长处，鼓励他扬长避短，教给他正确的交往方式，指出打架捣乱是不对的。如果屡教不改，就要采取相应惩罚措施，强制纠正。

帮助沉默寡言的孩子找回自信

如果孩子在幼儿园沉默寡言，不知道怎样和小朋友交往，家长首先要教会孩子自信，让孩子知道自己是有能力受欢迎的。比如家长在接孩子放学的时候，可以和孩子说："宝宝，你看，那是你们班的同学吧，他在看你，他一定是想和你交朋友，原来你是很受欢迎的，明天看见他记得主动和他打个招呼啊。"这样，在家长的鼓励下，孩子能有勇气和自信主动和别的小朋友接触。

小贴士

其实孩子都是喜欢交朋友的，有的孩子是因为害羞不知道怎样和别的小朋友交往，家长要告诉孩子，要学会开朗、大方、热情，这样才能交到更多的朋友；要学会主动和别人打招呼，这样才能更受小朋友的喜爱。

No.3 怎样帮助孩子自己选择朋友

"近朱者赤，近墨者黑。"想必家长们都知道这个道理，所以才会害怕孩子交了坏朋友，或是习惯不好的朋友。但家长要知道，交朋友也要根据孩子的兴趣，家长认为好的孩子未必喜欢。所以，家长只要把这个道理耐心地灌输给孩子，并用针对性强的大量事实，教育孩子多交一些有上进心的、诚实的朋友。剩下的就要孩子自己去做了。

大多数独生子女身边围绕的是一群大人，他们交往的圈子里只有亲人。但大人和孩子的思维方式毕竟不同，也就是我们说的代沟。因此孩子需要朋友，当他们到三四岁时，需要生活在一个有小伙伴的团体。只有这样，才不会对外界社会感到陌生和恐惧。但是，有些家长虽然开始让孩子进入团体生活，如上幼儿园，却往往有意无意地为自己的孩子选择朋友，限制孩子的自由交往。当然，这些家长的用心良苦，他们担心自己的孩子被别的孩子带坏，欺负。但是家长管的过多就会让孩子产生逆反心理。

一般来说，大多数家长是希望孩子有自己的朋友的，但更希望的是孩子能交上一些学习好、有上进心和诚实的朋友。但是孩子都有一些朋友，有些是良友，另一些则不那么让家长满意。

孩子的性格习惯主要在一两岁时形成。三四岁的时候，坏伙伴的影响已经不能改变孩子已形成的性格，他们基本上已能分清诚实和说谎的朋友，会选择自己的朋友。但也会出现这样的情况：在一定时间内，孩子受顽皮的男孩或女孩的影响（也许正是由于他们性格上的不同，才把他们吸引在一起），有时也会变得那样。但时间一长孩子自己就会感觉到那样不好，不符合自己的性格习惯，自然也就改正了。所以对于一些小毛病，家长不要太在意。所以，家长不要替孩子找朋友，而是给孩子一些正确的指导，给一些建议，让孩子有个参考。

让孩子与不同个性的孩子交往

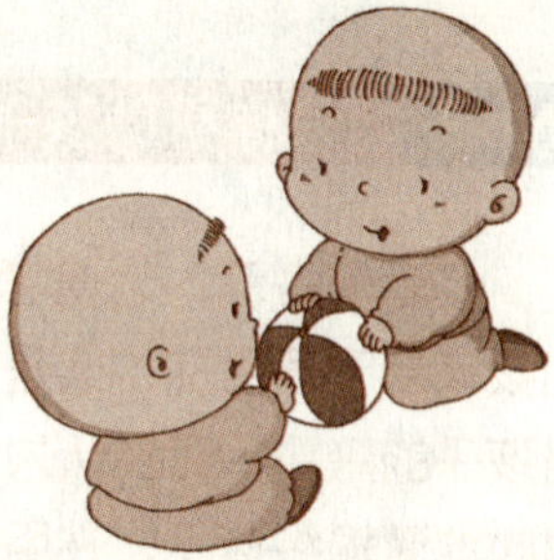

孩子需要有机会与个性不同的孩子交往，以弥补自己的不足。比如，孤僻的孩子需要开朗的朋友，这样才能变得开朗；依赖性强的孩子需要独立性强的孩子做朋友，这样才能学会独立；胆怯的孩子需要和勇敢的孩子在一起，这样才能变得胆大，等等。幼稚的孩子能从与比较成熟的玩伴们的交往中得到益处；爱幻想的孩子需要更平凡一些的孩子影响；霸道的孩子可以由强壮而不好战的玩伴来矫正。因此，家长要根据自己孩子的具体情况，建议孩子和不同个性的朋友在一起相处，这样才能改进孩子不良性格，促进孩子性格的全面发展。

让孩子感到他的朋友受到欢迎

如果孩子感觉他和他的朋友在家中受欢迎，孩子就会和朋友相处得融洽，也会感激家长对自己朋友的认可。这就为孩子交友打下健康的基础。

如果家长对孩子的朋友直接指责，很可能导致孩子的反感，但间接的、巧妙的批评则要有效些。家长可以对他说："你的这个朋友总的来说不错，就是有时有点鲁莽，好像常闯祸，你和他在一起可要注意！"

如果孩子继续与那个不讨人喜欢的朋友交往，家长可以制定一个严格的作息制度来限定他们，并告诉自己的孩子，这是规定的一个制度，希望他能严格遵守。

给孩子多一点关心

当孩子在结交朋友时受到了冷淡，遭到嘲笑、排斥时，家长应该及时地给予关心，并解除孩子心理上的失望、怀疑等，让孩子勇敢地再次接触小伙伴，并从结交朋友的过程中增长才智。有了家长的不断鼓励和支持，孩子才能从悲伤中走出来，继续与人交往。所以，在孩子失落的时候，记得要站在孩子一边鼓励他。

让孩子自己处理矛盾

当孩子在与小伙伴们发生纠纷时，家长尤其不要代替他们思维，代替他们分析，代替他们和孩子的伙伴"算账"，这样无疑将把自己的孩子推到孤立的地位，还使孩子增加依赖性，觉得有家长这个坚强后盾，遇到什么麻烦都可以回到家长身边寻求庇护，这对孩子成长极为不利，还可能让孩子觉得自己"窝囊"，失败感油然而生。

小贴士

如果孩子交了什么不良朋友，家长不应正面阻止孩子和朋友来往。这样只能激起孩子的逆反心理，反而使孩子和不良朋友走的更近。家长应该和孩子多沟通，了解孩子的想法，及时对孩子进行引导，有时"旁敲侧击"要比"正面冲突"更有效。

No.4 帮助孩子交往的 3 个游戏

莎士比亚说过："游戏是小孩子的'工作'。"是啊，对于孩子来说什么都像是在做游戏，自然交朋友也是。所以想让孩子有良好的交际能力，家长不妨回归最原始的办法，教孩子玩游戏，在游戏中锻炼孩子的能力。这可比给孩子上课好使得多。

孩子天生喜欢游戏，让孩子在游戏中交朋友，是个培养孩子交往能力的好方法。家长可以创造游戏环境，帮助孩子学会和小朋友进行交往。即使不喜欢游戏的孩子在这样的游戏里也可以找到自己的位置，让他尽情的融合在大家的怀抱中，找到属于自己的朋友。下面教家长 3 个帮助孩子交往的小游戏，让孩子开心地交朋友。

游戏一：做客

玩法：让爸爸扮成主人，妈妈带孩子去"主人家做客。"妈妈拉宝宝的手敲敲门，里面的爸爸问："是谁在敲门？"妈妈教宝宝回答，然后等爸爸来开门。开门进入以后，妈妈教孩子如何问候，比如"你好"，握手，拥抱这类的交际方法。然后再让孩子自己做主人，锻炼孩子怎样接待客人，让孩子回想刚才爸爸说过的话。然后再换角色，让孩子做客人，怎样到别人家做客。

作用：在做客的游戏中，孩子学会了礼貌用语，知道怎样到别人家做客和怎样招待客人，从中锻炼了孩子的人际交往能力。而且在同一游戏中不同角色的转换，提高孩子的记忆力，注意力，而且让孩子体会到不同身份的交际特点。这对孩子将来的交往都是有好处的。

游戏二：做印章

玩法：家长准备一节藕、一个胡萝卜、一个柿子椒，把它们横刀切成两段；再准备各种颜色的颜料，示范如何用这些"菜"蘸颜料印在纸上，画出漂亮的花，然后用颜色笔帮助孩子把花“加工”漂亮。让孩子和更多小朋友一起玩，这样效果更好。在过程中，家长可以提示孩子们互相交换手中的“画笔”，看孩子们是如何“协商”的。

作用：在做印章的游戏中，孩子锻炼了动手能力，知道怎样拿“画笔”，怎样蘸颜料，怎样印在纸上，还能画出漂亮的花。而且和别的小朋友在一起，大家之间就有了比较，知道谁做的更好一点，谁还需要继续努力。这样就能激发孩子的上进心，在竞争中锻炼孩子的交往能力。如果孩子觉得自己没有做好，家长一定不要忘了鼓励自己的宝宝，有了家长的鼓励孩子才能“重新振作”，做的更好。

游戏三：丢沙包

玩法：这个游戏属于团体协作游戏，由多人完成。把孩子分成两拨，一拨人是扔沙包的，另一拨是想方设法不让自己被砸到的。扔沙包的孩子分成两部分，正对着分别站在两边，中间有十来米的距离。躲沙包的孩子要站在他们中间。游戏开始时，一边的孩子拿着沙包掷向中间的孩子，另一边的孩子接住沙包再掷回去，目标是要砸到中间的孩子，如果中间的孩子被砸到了，就是“牺牲”了，就要离场；如果中间的孩子有人接住了抛来的沙包，就赚了一条“命”，就能救回牺牲”的“同志”。两边的小朋友尽量把中间的全砸到离场，中间的就是要怎样躲避被砸到，还要救同伴。这是一种团结协作，斗智斗勇的团体游戏。

作用：在这个游戏中，同一伙的孩子学会了怎样和同伴协作“消灭敌人”，也学会了怎样救助自己的同伴。让孩子产生了团体意识，有了集体英雄主义。这样使孩子在交往中有立场性，立场分明。还锻炼了胆识、机智，因为他要想救自己的同伴，就要冒着自己被砸到而“牺牲”的危险。

如果成功，就会让孩子很有成就感，有英雄感，增强孩子的自信心。而两边的孩子则学会了怎样更好地配合对面的同伴，使自己“队伍”胜利。往往在这样有立场的游戏中，玩的好的孩子或者说是“孩子王”，将来都有良好的交际能力。

小贴士

在孩子还小的时候，家长可以和孩子做交换玩具的游戏。让孩子拿一件玩具，家长拿一件玩具，然后和孩子交换，孩子在这样简单的小游戏中就体会到怎样与人交往，怎样和别人交换，对孩子以后的人际交往能力的提高都有好处。

No.5 善于交际的孩子更快乐

美国政治家杰里米 · 泰勒曾经说过："友谊是我们哀伤时的缓和剂，激情的舒解剂，是我们的压力的流泄口，我们灾难时的庇护所，是我们犹疑时的商议者，是我们脑子的清新剂，我们思想的散发口，也是我们沉思的锻炼和改进。"可见，拥有良好的友谊就拥有了获得快乐的源泉。所以说，善于交际的孩子更加快乐。

孩子有一颗敏感、细致的心灵，珍藏着丰富、微妙的内心世界。我们常把孩子的生活照顾得无微不至，可是，孩子的内心的情感，你照顾和指导了吗？他是否主动向你表达过情感？如何让孩子学会较好地表达自己的情感，为自己良好的人际关系奠定基础呢？

孩子没有玩伴就不会有快乐和成功的分享对象，所以，家长要鼓励孩子与小朋友玩，不要有过多的思想负担，认为这样吃亏，那样会学坏。如果发生纠纷，家长要指导孩子明辨是非，学会自己解决问题。对于其他孩子的过失，应教育孩子宽宏大量，学会原谅别人；自己的孩子错了，则应启发、引导孩子向对方道歉，从而培养孩子礼貌待人的良好品质。

一群小朋友正在玩"老鹰捉小鸡"的游戏。儿子先是在旁边看，看到高兴处，他忍不住叫起来："老鹰来了，小鸡快向这边跑。"他这一吆喝，"老鹰"就跑过来，捉他这只还没"入伙"的小鸡。结果儿子这只圈外的"小鸡"，被"老鹰"捉得"扑扑棱棱"就入了伙，成为游戏中快乐的一员。

事后，爸爸和儿子"请教"经验，问孩子："这次你是怎么加入到游戏中的？"儿子想了想说："我喊了一声，他们就来捉我，然后我就加入了。"爸爸说："对呀，以后要是想参加游戏，就要说给人家听，告诉大家。"儿子记下了这个“入伙”的妙招，以后屡试不爽。

那么，怎样让孩子在交往中更开心呢？

培养孩子对表情的识别能力

表情是一种独特的情绪语言，是人与人之间交流感情，取得相互理解的一种方式。学会识别别人的表情，才能准确理解对方表达、传递的信息，这也是进一步与对方交流交往的前提。那么家长就要利用许多可以利用的机会和活动，引导孩子观察周围人的各种表情，让他知道别人的喜怒哀乐等情绪表情，正确对待别人各种不同的表情，培养起孩子与他人内心世界沟通的能力。

比如我们可以利用表情图片让孩子观察，高兴、伤心、哭泣是怎么样的，然后再引导孩子看不同表情的五官有什么不一样，如眉毛怎样，眼睛又如何，再让孩子照镜子做做各种表情，让孩子从印象到细致的观察，从而感受到不同的表情代表了不同的情感。

让孩子学会用适当的方式表达自己的情感

对于孩子来说，他还分不清各种感情的区别，他只知道开心与不开心，更分不清寂寞与伤心的区别。所以家长可以多教会孩子关于情感的表达词语，让孩子把抽象词语与各种感情对上号，并能正确地表达出来，这样才有利于孩子发泄各种不良情绪。家长可以让孩子观察各种人的表情，告诉那种表情是什么意思，叫什么名字，让孩子练习把表情和词语联系起来。只有学会表达感情，才能更好地调节自己的情绪。

给孩子一个好榜样

模仿是孩子的天性，也是孩子学习的主要方法。孩子的调控能力比较薄弱，所以给孩子一个良好的榜样是极为重要的。同伴是孩子最直接的榜样，对孩子有较强的吸引力和感染力，易于孩子接受和模仿。孩子可以从同伴身上学习如何调控自己的情绪，家长也可以向孩子主动谈论自己的情绪情感，并经常与孩子一起讨论彼此的情绪感受，起到言传身教的作用，这既能给孩子提供与同伴交流的范例，又能为孩子提供学习情感语言的机会，且敢于表达自己的情绪，而不是压制自己的情绪。

让孩子学会自我调节

孩子在和小朋友一起相处的时候，难免有过激的情绪。面对孩子的过激情绪，我们可以采取冷处理的方法或者用情景转移法来迁移孩子的注意力，同时家长也要运用正面教育的方法帮助孩子学会自我调节。

运动也是一种调控情绪的好方法，通过剧烈的运动，发泄孩子的消极情绪，通过轻缓运动，控制孩子的情绪冲动。如果没有别的办法，哭也不失为情绪的自然表达法。实际上，对那些爱哭的孩子来说，哭是他们表达情绪的一种好的、永远有用的方法。

人的交往是情感交往、情感互动，个体是通过不断调控自己的情感反应来影响、感染他人的。因此，孩子学习表达情感不同于认知教育，它更多地强调感受、感知、体验、理解和反应，在教育过程中更多地强调情感经验的积累和展现，因此，需要我们更多地创设良好的情景氛围和讲究整个教育方式的自然性。

小贴士

让孩子在各种环境和活动中学会观察、体验、感受他人与自己情感情绪，学习用较好的表达方式展现自己的情感，这样孩子才能提高交际能力。使孩子更加游刃有余。所以，家长要注重让孩子多与人接触，这才是孩子提高交际能力的根本。

No.6 孩子不愿开口叫人怎么办

英国启蒙思想家约翰 · 洛克曾说过："礼仪的目的与作用是使顽固变柔顺，使人们的气质变温和，使他敬重别人，和别人合得来。"切斯特菲尔德也曾说过："礼貌和教养对于装饰人类或其他一切优良品质和天资，都是必不可少的。"足见礼貌对于一个人的修养有多么重要。家长应该从小就教会孩子懂礼貌。而懂礼貌最基本的就是要从打招呼做起。

孩子见面不愿意打招呼的现象出现时间因人而异，孩子语言能力发展到一定阶段，一般为 2 岁左右。2 ～ 3 岁是孩子语言发展的关键期，此时的孩子变得特别喜欢说话，词汇量迅速增加，基本理解常用的简单句型，并能用简单的复合句来表达意愿。2 岁后期会用"我"来表达自己的需求愿望，开始把自己从客体中区分出来。而言语的发展促进了自我意识的萌芽。此时的孩子由于自我意识的逐渐形成，开始有了属于自己的想法。因此，他们用不听家长的命令来宣布"惟命是从"年代的结束，自己拿主意来决定该干什么，不想叫人就不叫了。这是孩子的逆反心理在起作用。据调查显示，在 2 ～ 4 岁的幼儿中，80.2%已有相当强的自我主张意识，越来越多不到 2 岁的孩子已经有了逆反心理，这个年龄比前几年提早了近 1 年。当孩子们已经在一定程度上有了独立思考的能力，面对爸爸妈妈一如既往的频繁要求"叫人"，孩子心里的这种小情绪自然会悄悄抬头。

具体说来，孩子不愿叫人有以下几点原因：

1. 孩子认生

小孩子多少都会有些认生，如果家里一下子来了一群客人，面对这么多陌生的脸，孩子往往都会失去原有的活泼，变得有些木讷。要孩子叫人，更要有一个熟悉接受的过程，而如果有的叔叔阿姨面相不善，孩子避之唯恐不及，还是等孩子和他们熟悉了再说吧。

2. 关注大人的其他细节

这个时期的孩子的注意力跟大人想的并不一致，孩子往往会注意一些被大人忽视的细节。当孩子专注于阿姨的头发之类，很容易会忽略爸爸妈妈叫人的要求，因为他正在一门心思想自己的小心事呢。

3. 厌烦心理

有时孩子和家长出去，一下子会碰到很多老人，于是就要孩子张奶奶、李奶奶、王姥姥……叫个没完，孩子会想：今天怎么这么多奶奶啊，我和他们又不是很熟，真麻烦。孩子认为每次都是按父母重复的指令，称呼各位亲戚朋友，难免会觉得千篇一律，没有意思，从而产生厌烦心理。

孩子的成长是一个逐渐走入社会的过程，在这个过程中，他们逐渐学会成人的人际交往模式，成人在此过程中可以给孩子树立良好的榜样。孩子在此阶段所出现的人际交往的问题，与日后孩子有没有出息是丝毫没有关系的。所以家长也不需过分担忧。

那么，当孩子不愿开口叫人时，家长要怎样做才能鼓励孩子开“金口”呢？

不要逼迫孩子

当孩子不愿意开口叫人时，家长不要表现得过于急切，甚至威逼利诱，这样更容易激发孩子的逆反心理。有的家长往往会这样说：“叫了阿姨才有巧克力吃”，“越来越不乖，都不肯叫人，妈妈不喜欢你了”，诸如此类的说法都会给孩子一种逼迫他的感觉，往往适得其反，孩子通常会用一声不吭作为反应。

家长可以淡然处之，当孩子拒绝叫人，家长不再继续纠缠，把话题转移。这时候，放轻松的孩子反而有可能会想要表现一下，自动自觉地重新开金口；如果有其他小孩同时在场，而这个孩子很乐意叫人，就适当地利用一下这个条件，表扬大方叫人的孩子，利用孩子好胜争宠、爱模仿的心理打开金口。

给孩子做个好榜样

家长带孩子外出时遇到熟人，就坚持先跟别人打招呼，给孩子树立良好的示范作用。孩子看见爸爸妈妈这么热情和别人打招呼，会对那个人产生好感，也学着家长的口气来和别人打招呼。只要家长坚持，孩子就会朝着你希望的方向进步。孩子成长的过程是漫长的社会化过程，决非一朝一夕，他需要反复模仿成人的行为。

多带孩子参加社交活动

家长要重视多带孩子参加社交活动。这是因为，现代社会中，人和人的合作越来越紧密，越来越需要相互之间密切的联系和沟通，如果没有很好的社交能力的人，是不可能和别人有融洽的沟通的，更别谈合作了。孩子的社交能力是否优秀，直接关系到他其他方面能力的发挥，所以家长要注重培养孩子的社交能力，不能让滞后的社交能力限制了孩子自身潜能的充分发挥。

遇到同事和亲朋好友时，家长都要很正式地把孩子介绍给他们，同时也把对方介绍给孩子。这样会让孩子觉得自己和大人是平等的，自己受到了尊重，要像大人那样做才对，所以就会自觉自愿的和人打招呼了。

而且，家长还要告诉孩子打招呼的形式有很多，友好地注目、点头、微笑、握手、寒暄等等，当孩子主动别人打招呼时，家长要及时表扬孩子良好的行为，如："你会跟别人点头了，我真为你高兴。"这样，孩子才会更有动力，做得更好。

小贴士

如果希望慢慢鼓励孩子热情有礼貌，主动开口叫人，可以给他在墙上贴个"红旗榜"，其中有"打招呼"一项，如果孩子热情有礼貌和别人打招呼了，就能得个小红旗，一周满几个红旗，就可以在周末带他去公园玩，或看童话剧等等。这样精神鼓励和物质奖励双管齐下，会很好地促进孩子开口叫人。但家长要注意奖励不可过于物质化。

No.7 假想玩伴：不见面的好朋友

爱因斯坦：“想像力比知识更重要，因为知识是有限的，而想像力概括着世界的一切，推动着进步，并且是知识进化的源泉。严格地说，想像力是科学研究的实在因素。”莫泊桑也曾说过：“大艺术家就是那些将个人的想像力强加给全人类的人们。”孩子的假想玩伴就是孩子发挥想像力的结果，他在用自己的想像力创造自己的好朋友。

现代家庭大多数都是独生子女，他们没有兄弟姐妹，虽然社区里、幼儿园有自己的好伙伴，但毕竟不是像以往大家庭中兄弟姐妹那样时时刻刻在一起，所以玩具就成了孩子想象中的好朋友。他们对自己心爱的玩具都是形影不离，有的孩子甚至是睡觉也要抱着。他们自己一个人或是没有朋友的时候，就对着自己的好朋友说话，当爸爸妈妈玩“过家家”的游戏。

玩具“娃娃”是涵涵最好的朋友，他们总是一起玩、一起吃饭、一起开心、一起难过。妈妈经常看到涵涵和自己心爱的玩具说话，讲故事。妈妈还以为孩子怎么了。她鼓励孩子到外面去找别的小朋友玩，可涵涵就是不喜欢和别的小朋友玩，就是喜欢和娃娃玩，当涵涵提到娃娃是自己最好的朋友时，妈妈非常担心，“是不是要带涵涵去看医生呀？为什么她只喜欢玩具呢？”

其实家长不用着急，独生子女，常常发展出假想玩伴。尤其当感受强烈时，如生气、害怕、不安或孤单一出现，孩子就会和假想玩伴对话。随着语言、认知的发展，孩子也会将自己的欲望与生活所学的规范，展现在与假想玩伴玩耍的过程中，如：假想玩伴想偷吃糖果，孩子会说：“不可以！妈妈说过不能偷吃糖，这样是不对的。”这种互动，会让孩子练习新学会的语言与社会技巧。孩子常扮演“导演”的角色，自导自演、也指导假想玩伴该有的行为与对话，无形中培养出了创造力。

那么，假想玩伴对孩子还有什么好处呢？

有假想玩伴的孩子社交能力强

别看孩子边玩过家家，边跟“好朋友”聊天，他很清楚这朋友的虚实真假。美国心理学家发现，6 岁以下的孩子，六成左右都曾有假想玩伴，这反而能提高孩子的社交能力。孩子将自己所了解到的与人交往的技巧，在和假想玩伴的对话中表现出来，使自己能更自信地面对真实的人际交往。可能家长会担心孩子无法区分真实朋友与假想玩伴，其实孩子心里可是清楚得很，谁是真正的朋友，谁是假想的！

假象玩伴是孩子情感的过渡

假想玩伴就像个安全的依附品，陪伴孩子度过各种情感经验。但随着时间的演进，就像所有玩过的玩具，孩子会慢慢遗忘，不再需要这个“好朋友”。所以，当发现孩子有想像玩伴时，请予以适度尊重、却不过分关注，它将是陪伴孩子跨越成长的良方，让孩子远离孤单，学会交往的好伙伴。

利用假想玩伴，有教育作用

运用孩子对假想玩伴的信赖，促使孩子产生正面行为。例如：孩子不想洗澡时，可以和他说：“娃娃每天都洗澡，洗得干干净净，变得香喷喷的！你也一样要像娃娃那样爱干净！不然，她说你臭臭，就不和你玩了。”适时运用假想玩伴作为楷模，以幽默的方式引发孩子好好表现。这种教育方式孩子很容易接受，能收到事半功倍的效果。

不要让假想玩伴成为孩子犯错误的替罪羊

如果孩子把玩具丢的满地都是，却告状：“都是‘娃娃’弄的！”这时家长可以对孩子说：“我知道娃娃调皮。不过，她都听你的话。你要告诉她：玩具要收好、东西不能乱丢。而且你还要知道给娃娃做个好榜样，自己把玩具收好，娃娃看到你这样做，她也会跟着做的。”适时让孩子知道规范，也在要求孩子与假想玩伴共担责任中，学习负责。不能让假想玩伴成为孩子犯错误的替罪羊。

适时给孩子的假想玩伴一些限制

一起吃晚饭时，孩子可能会要求让他的“假想玩伴”有个位置。这时，妈妈就要将现实情境中的真实情况告诉孩子，让孩子以真实情境为重，例如说：“你想要娃娃坐你的旁边，可是，那样的话爷爷奶奶没位置坐了。娃娃是个孝顺的好孩子，她不会和爷爷奶奶抢位置的。娃娃已经吃饱了，先去休息了，你也要好好吃饭，向娃娃学习啊。”

其实，孩子一旦找到现实中真正的朋友，就会跟假朋友说再见的。因为生活中缺少可以对话、玩耍的玩伴，孩子才会创造出能和他互动的假想玩伴。为此，家长也得设法为孩子开发真实的朋友。当孩子接触到年龄相近的小伙伴时，他对自己的假想玩伴需求度也会随之降低。所以，家长要做的是给孩子找现实中的朋友，让孩子自己和假想玩伴说再见。

小贴士

假想玩伴有利于排除孩子内心的孤独寂寞感，让孩子有个精神寄托。所以，孩子有了这样的朋友后，家长不要过于着急地认为孩子精神出了什么问题，盲目带孩子去检查，或是阻止孩子。随着孩子年龄的增长，朋友的增多，这种情况会逐渐缓解。如果，有愈演愈烈之势，就应该带孩子看心理医生，纠正孩子的心理偏差。

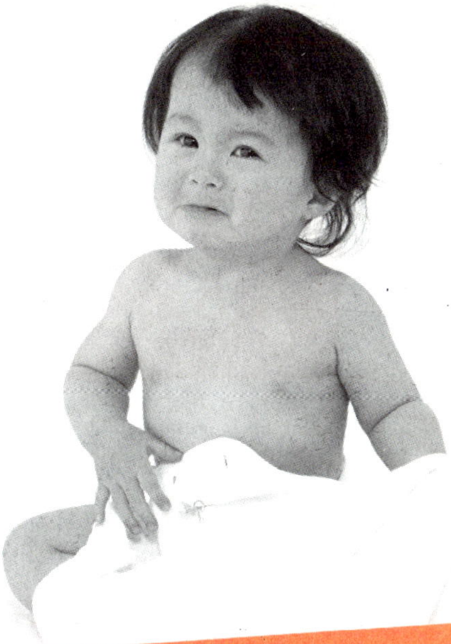

Part 8

做一个合格的父母，没有毕业证的父母大学

8 做一个合格的父母，没有毕业证的父母大学

家长不可能一生代替孩子，最终我们能给孩子什么？我们不能给予孩子无与伦比的聪明，但可以教会孩子如何做人、如何学习、如何生活、如何工作、如何正确对待问题、如何聪明解决问题，这才是家长教育的根本。家长是孩子的第一任老师，永远记住，孩子在看着我们，我们是孩子的榜样。

No.1 真正的母爱在于教育

19 世纪英国小说家狄更斯曾经说过："没有无私的、自我牺牲的母爱的帮助，孩子的心灵将是一片荒漠。"母爱给予了孩子全部的爱。天下没有一个母亲是不爱自己的孩子的，但是爱的方式各有不同。对孩子最无益处的莫过于溺爱，对孩子真正的爱莫过于教育。

母爱是人类最纯洁、最无私、最珍贵的情感，每一个孩子都在享受着母亲给予的幸福和快乐。纵观古今中外，凡是对人类有所贡献的，多数在幼儿时期，就开始接受良好的家庭教育了，他们的成功包含家庭教育的心血。而在家庭教育中，母亲的作用更是不可替代。大量的事实都证实了一条规律：在早期教育问题上，母亲比父亲更重要。拿破仑有一次在同贡庞夫人交谈时问道："传统的教育体制似乎一无是处，为了使人们受到良好的教育，我们缺少的是什么？""母亲！"贡庞夫人回答说。这个回答深深打动了拿破仑。"不错！"他说，"在这个词里包含着一种教育体制。那么请您费心，务必要超前培养出知道怎样去教育自己孩子的母亲。"一位外国教育专家曾也讲了类似的话："人类的命运掌握在母亲的手中……教育，

应当从改造母亲开始。”世界上许多发达国家都很重视对女性的教育，他们的共识是只有素质高的妇女才有素质高的下一代。这里说的高素质，并非高学历、高文凭，而是懂得如何教育孩子，如何引导孩子走上正确的人生轨迹的人，让孩子能够成为真正对社会有用的人。

那么，作为母亲，要怎样用母爱来教育孩子？

用母爱正确引导孩子学习

学习是孩子走向成功的根基，每个家长都希望自己的孩子努力学习，将来有个远大前程。这也是为什么家长总是嘱咐孩子“好好学习”的原因。但实际上，不断地唠叨往往只会让孩子感到巨大的压力，在心理上产生反感。明智的母亲会以孩子乐于接受的方式引导孩子学习。

曾以 600 多分高考成绩考入北京大学的冰冰回忆起妈妈对自己的教育时，很感激母亲的正确引导。冰冰妈妈虽然没有上过大学，但是她的一些教育方法却是很独到的。比如说，在孩子上幼儿园的时候，为了鼓励孩子背唐诗宋词，妈妈就和她一起背，孩子背一首她背一首，像竞赛一样，看谁记得又快又准。孩子觉得这种方法特别有意思，“妈妈都能背好，为什么我不行呢？”所以孩子就背的更加起劲。整个过程孩子都是在主动学习。

而有些家长则是把一本书硬塞给孩子，命令他们在规定时间之内背会。这样，孩子的学习完全是被动的，不会收到很好的效果。冰冰就是在妈妈这种方法的推动下，进步很快，后来慢慢地就对诗词发生了兴趣，也就不需要妈妈再付出这么大的劳动了。她每隔几天就会找到妈妈，对妈妈说：“妈妈，我又背会了几首诗，我背给你听吧”。这个良好的习惯一直保持到孩子上高中。

冰冰的妈妈是明智的，她利用了孩子的好胜心来引导孩子，并以身作则给孩子树立好好学习的榜样。一旦孩子爱上了学习，家长就不用再督促孩子了，孩子自然会努力，不会再被家长督促着学习。所以，整天喊着要孩子好好学习的妈妈不妨学学冰冰妈妈。

用母爱赞美孩子的进步

做母亲的没有不希望孩子进步的，所以总是在不断唠叨孩子，说：“我说你，也是为你好！”但这真的是有效的教育方法吗？想必大家心里都知道，孩子并不听我们的。所以，日本教育家铃木镇一说过：“对于孩子的教育，父母首先要以爱心和热情去努力培养他各方面的能力，要鼓励和赏识他，而不是一味地用责备和打击逼迫他们去‘听话’。”每当孩子做完一件事情，他总会迫切地让妈妈来看看，希望获得妈妈的赞赏。如果妈妈没有注意到孩子的需要，忽视对孩子精神的鼓励，孩子就会很失落。在一次次的失落中，孩子就会认为自己得不到妈妈的爱，从而失去继续前进的动力。想要孩子能够进步，就不要忘了在孩子有进步的时候由衷地赞美一下她，哪怕是一点点的进步也不要忘了夸夸他。

用母爱宽容孩子的错误

孩子学习各种知识本领都会经历第一次，第一次扫地、第一次洗碗、第一次收拾屋子……由于没有经验，第一次做事总会出现这样或者那样的问题。有时候家长都会出现问题，更何况是年幼的孩子！他们身体智力都还没发育完全，动手能力也有限，做起事来总是“心有余而力不足”，所以难免出错。

面对孩子犯错误的状况，许多母亲都会呵斥孩子：“叫你不要洗你偏洗，现在把碗打碎了吧？还得我来洗！”“连扫地都不会，真是笨呀！”……本来母亲这么说也就是想激励孩子下次注意，殊不知这样做却打击了孩子的自信心和积极性，使孩子不敢再尝试。

没有人一出生就什么都会做，在第一次做的时候很容易会犯错误。早就有人说过：“孩子是伴随着错误长大的。”当孩子犯错的时候，内心肯定会自责和害怕。这时，母亲要抓住时机，以宽容的心态从正面教育孩子，让孩子懂得母亲原谅他第一次犯的错，希望他下次做的更好，这样反而能够让孩子学会如何做好一件事情。这比责骂孩子要有效的多。

小贴士

孩子最爱听母亲的话，有时母亲的一个眼神孩子就知道自己该怎样做。所以，作为母亲，我们必须担当起教育孩子的责任，让孩子有良好的智力发育，高尚的道德情操。不能对孩子过于溺爱，应该让孩子更加独立，增强他们各方面的能力。真正的母爱不是包办一切，而是教会孩子生存的能力。

No.2 父亲和子女的沟通很重要

高尔基曾说过："父爱如伞，为你遮风挡雨；父爱如雨，为你濯洗心灵；父爱如路，伴你走完人生。恐惧时，父爱是一块踏脚的石；黑暗时，父爱是一盏照明的灯；枯竭时，父爱是一湾生命之水；努力时，父爱是精神上的支柱；成功时，父爱又是鼓励与警钟。父爱，如大海般深沉而宽广。"这就是伟大的父爱。但伟大与深沉并不能阻隔父亲与孩子的沟通。作为父亲，我们要更懂得怎样与孩子沟通。

父亲的角色在孩子的世界中是无可替代的。在孩子的成长过程中，父亲起着非常重要的作用。所以，父亲们要从母亲的背后走出来，去承担属于父亲的那份责任。但家长普遍反映，孩子跟父亲都不怎么亲，而有时父亲也不知道怎样更好的和孩子交流。

自从西西出生后，妈妈就在家里做了全职太太。孩子的生活起居、学习教育全部都由妈妈负责，天天和西西一起玩游戏，学各种知识。渐渐西西离不开妈妈了。而对于爸爸，西西似乎陌生了许多。爸爸是公司经理，每天都有干不完的工作，没完没了的应酬。每天都是西西睡觉了爸爸才回来，西西还没起床，爸爸又上班了。好不容易到了周末，爸爸还有各种活动应酬。渐渐的，爸爸发现西西对自己疏远了，不再像以前那样“爸爸，爸爸”的叫他了。爸爸哄她玩她也不高兴，总是跑去妈

妈那里。看着一天天长大的孩子，爸爸不知道怎样和她交流了，不知道孩子在想什么。

这样的事例在我们的生活中越来越多，父亲们对于这样的事既无奈又着急。面对一天天长大的孩子不知道该怎样沟通、怎样教育了。父亲们发现，自己面前的那个孩子再也不是过去只知道吃喝的小孩，而是有感情有思想的独立的人。面对孩子日新月异的变化，父亲应该怎样正确地和孩子沟通？

从小就和孩子亲密接触

很多父亲不习惯抱孩子，或是和孩子有什么亲密接触，认为那样是有损父亲的尊严。其实则不然。人都需要被拥抱和爱抚的，长时间缺乏拥抱，皮肤就会产生一种饥渴感，使人失去安全感，变得烦躁不安。婴儿虽然不会用语言来表达自己的需要，但会通过哭声来表示强烈的抗议。如果父亲能多给孩子一些拥抱、爱抚，就会让孩子更加亲近父亲，拉近心理上的距离。那么，在孩子的成长中父亲对于孩子的任何教育，孩子都会认为父亲是为他好，而不是埋怨父亲对他要求苛刻、过多指责了。因此，想要和孩子有良好沟通的第一步，就是要常常拥抱和触摸孩子，和孩子保持身体上的接触，让孩子在你结实而温暖的怀抱里找到安全感。

多和孩子一起游戏

父亲在和孩子游戏的时候，就像自己重回童年，流露出童心，让孩子知道，原来爸爸也爱玩啊，这样就能拉近与孩子的距离。因此能够加快孩子学习的能力和进步的速度，甚至要超过长辈。所以，父亲们要有足够的热情参与到孩子的游戏当中来，和儿子一起玩组装玩具、研究各种汽车模型，和女儿用布娃娃过家家，给她讲白雪公主的故事。和孩子们在一起的时候，你会发现他们的创造力是无穷的，对某些游戏又是那么执着，捉迷藏、被爸爸举得高高的……对这样的游戏，不妨时不时地和孩子玩一下，你会发现小家伙的兴致会马上被你调动起来。他会把你当成朋友，无话不谈的。

腾出更多的时间给孩子

现在的父亲们似乎越来越忙，忙着工作，忙着应酬，忙着交际。如果有时间休息，也把时间贡献给看电视和上网了。电视和网络已经成为了现代人的主要休闲方式，尤其是在周末，很多爸爸从早上刚睁开眼睛就打开电视或电脑，连续剧、球赛、看股市等，一个接一个。但是对于那些整天忙得不可开交的爸爸们来说，多些时间更好地跟孩子交流，不要再让工作、应酬、电视和电脑占据太多的时间。爸爸需要提高和孩子在一起的质量，在休息的时候，关掉电视机和电脑，全身心地陪伴孩子，腾出多一点的时间给孩子吧。

小贴士

父亲给孩子的印象大多数沉默寡言的，似乎只有在孩子做错事的时候父亲才会严厉呵斥。因此，也增加了父亲与孩子的代沟。其实，没有一位父亲不爱自己的孩子，没有父亲不想了解自己孩子的。所以，父亲们不要再“害羞”，请多和孩子们说说话，哪怕只是几句的闲聊，也会让孩子备感温暖。

No.3 父爱影响孩子的人格

中国有句古话：“父之美德，儿之遗产。”南北朝时的大学士颜之推也曾说过：“父不慈则子不孝；兄不友则弟不恭；夫不义则妇不顺也。”足见父亲对一个家庭的影响力。所以，想要孩子有良好的品行人格，光有母亲的努力是远远不够的，父亲更要重视自己对孩子的影响。

父子关系是孩子生命中第二个重要的关系，特别是在5岁以前。父子关系同母子关系一样，从孩子一出生就开始了。如果父亲和孩子在婴儿期建立起良好关系，对孩子以后的发展有着巨大的作用。男孩从父亲那里模仿、学习男子汉气概，女孩则从父亲那里学习与异性接触、交往的经验。

心理学研究证实，父亲对孩子的影响是多方面的，不局限在孩子的性别意识形成方面，例如，在孩子成就感的形成过程中，父亲对孩子的影响比妈妈大得多。有人比较了社会上有成就和无成就的人，发现人的成就大小与父子关系的亲疏有密切关系。有成就者一般与父亲的关系亲密；成就较低者与父亲的关系较疏远。

孩子的学习成绩、社会能力也与父子关系有很大关系：父子关系不融洽，则孩子在数学和阅读理解方面的成绩就不理想，在人际关系中有不安全感，有自卑感，常表现为焦虑不安，不容易和他人友好相处,有攻击性。

如果孩子在婴儿期就与父亲建立一种积极而密切的关系，对儿童身心健康和人格发展就有很好的促进作用。在没有父亲的家庭中，孩子的许多技能发展都会受到限制和影响，情绪变化也较激烈，长大后较易冲动，有较多的过失行为和反社会行为，缺乏自我控制，有较偏激的人格。父亲在儿童教育中的角色无人可以取代。

那么，具体说来，父爱怎样影响孩子的人格？

父爱能引导孩子健康发展

幼儿时期是成长过程中的关键时期，发明了蒙台梭利教育法的意大利教育家就曾指出：孩子在 3 岁前吸收、获得的知识，相当于大人花 60 年拼命苦学所获得的量的总和。在 3 岁以前，孩子的脑神经就已经完成了 60%的配线工作，这个时候的孩子会以惊人的速度将看到的、听到的及接触到的事物一一吸收。而因为父亲在家里更有权威性，威严感，所以孩子对于父亲的教导更容易记心上。如果能够抓住这一时机在道德及智力上给孩子以正确的启发和引导，必然对孩子的将来造福无穷。所以，父亲不能把教育孩子的责任全部推到母亲身上，而是应勇于承担起教育孩子的责任。

缺乏父爱会使孩子缺乏自信，缺失责任感

有一位成年男子已经成家立业，也为人夫为人父了，但自己总觉得自己没有承担好一个做丈夫和父亲的责任，也总认为自己做不好。他说这是与他的父亲有关。许多年前他的父亲因忙于工作忽略了对他的教育，父子交流很少。父亲并没怎么教他怎样承担一个男人的责任，反而是母亲对他百般呵护，让他觉得被人照顾很好。所以，虽然现在他有了自己的家庭，但常感到不知如何面对妻子、孩子，不知道怎样做才是一个好丈夫好父亲。

研究指出，缺少父爱或是父亲过于严厉的孩子在性格方面会有一些明显的弱点，如胆小、过于内向、神经质、优柔寡断、自信心及责任心不足等。心理学家也指出，女孩子缺乏父爱容易数学不好，男孩子缺乏父爱则容易产生情感障碍。这些结论或结果固然不是绝对的，但父爱对孩子人格的影响是不容置疑的。

小贴士

言传身教，身教重于言传。父亲想要孩子有良好的品行，自己就要给孩子树立一个好榜样。父亲不让孩子说脏话，自己嘴里却是脏话满天飞；不让孩子看电视，去好好学习，自己却是一下班就打开电视；父亲要孩子锻炼身体，自己却又抽烟又喝酒，如此这般，怎么能把孩子教育好？记住，家长永远是孩子的榜样，孩子怎样都是家长教育影响的结果。

No.4 父亲对幼儿教育的七大作用

古语有云："父母德高，子女良教。"父亲母亲是孩子生命中的第一任老师，孩子的模仿皆是从父母开始。而父亲不像母亲那样细腻，而是给孩子更多的男性的硬朗，孩子和父亲在一起更多的是感受知识，感受冒险精神。所以，父亲要担当好自己的责任，教给孩子更多的生存技巧，使之成为真正的社会人。

父亲是孩子生命中出现的第一个男人，父亲的性格、气质、为人处世等言行是孩子对男人定义的最初感觉，无论是男孩还是女孩，都会在很长时间里认为男人就应该是父亲那样。所以，父亲在孩子们的眼中就是正义、威严、刚强、勇敢、博学、幽默、敬业、有责任感、目光远大、胸襟开阔的代表，简直就是超人的化身，好像什么问题一到父亲那里就不算是问题了。当然这是理想的情况，很多年后，孩子慢慢明白，现实中大部分父亲不会这么完美。

假如父亲不具备这些男性积极的特点，而且相差甚远，那么，男孩子在构建自我的过程中，就会出现这样那样的欠缺，比如软弱、不大气、自卑、优柔寡断等；女孩子则会在对男性的理解和与男性的交往中产生偏差，如缺乏信任、过度依赖、排斥抵触等。

具体说来，父亲对于孩子有七大作用：

父亲是孩子游戏的重要伙伴

大部分父母都有这样的体会，孩子小的时候，特别是 3 岁以前，生气或是伤心的时候总喜欢找母亲，而一到玩的时候，开心的时候就要找父亲了。这是因为孩子从母亲那里能够得到温暖和安慰，所以孩子“受了伤”总希望妈妈在身边安慰自己，而父亲则是冒险和刺激的代名词，父亲常让孩子骑在肩头，或者把孩子抛上抛下。孩子从父亲那里则品尝到刺激和冒险的感觉。当孩子经历一项挑战，父亲会说“别害怕、勇敢点！”父亲的这种态度会促使孩子勇于探索而不是畏首畏尾。

父亲能促进孩子形成良好的性格

父亲通常具有独立、自信等性格特征。孩子在与父亲的不断交往、相互作用中，一方面接受影响，从父亲身上感受到了独立、自信的气息，并且不知不觉地学习、模仿，希望自己也可以向父亲那样；另一方面，父亲也自觉不自觉地要求孩子像自己一样，所以在培养孩子的时候就会注重孩子良好性格的培养，哪怕让孩子吃点苦头。

父亲能促进孩子社交技能的提高

随着孩子长大，与外界交往需要也日益增多，因此，父亲在与孩子的交往游戏中，要多采用平行、平等的形式，采取积极、鼓励的态度，较少自上而下的教导，给孩子以更多的操纵、掌握交往过程的机会，这很有助于孩子学会更多的社交技能。

父亲能使孩子性别角色正常发展

父亲积极地和孩子交往，有助于孩子对男性、女性的作用与态度有一个积极、适当而灵活的理解。男孩从父亲那里学到怎样做一个男人，学到责任感；女孩则从父亲那里学到了怎样和异性相处。这种经验会影响孩子一生。很多女孩将来的伴侣都是和自己的父亲十分接近。

父亲能使孩子认知更好发展

父亲给孩子的印象往往是知识丰富，见多识广。所以，孩子有了自己想不出的“高深问题”都会问父亲，父亲仿佛是知识的化身。孩子可以从父亲那里学到更丰富、广阔的知识。父亲较多地参与和孩子的交往，能日益提高孩子的认知技能、成功动机和对自己能力、实践的自信心。

父亲能使孩子语言能力更好发展

儿童学家曾做过研究，当孩子们在开始学习说话的时候，父亲对孩子语言形成的影响要远胜过母亲。研究人员发现，从家长在家中说话的次数、使用不同词汇的数量，以及语句的复杂程度等方面进行比较，在孩子0～2岁时，父亲要比母亲说的少。但是在说话的长度、回答孩子问题等方面，父母大致一样。

但当孩子 3 岁时，他经常使用的词汇和说话方式，和父亲更相同。研究人员说："我们通常认为母亲对孩子的语言形成有影响，但是实验的结果却告诉我们，父亲对孩子的语言形成更起作用。"

父亲能使孩子发挥潜能

由于父亲与母亲能更加赋予冒险精神，更加喜欢接触新知识，所以就会带动孩子更多的接触不同的知识、活动。在接触了更多的知识活动后，孩子有了更加广阔地选择范围来选定自己的兴趣，从而激发自身的潜能。比如一位父亲十分喜欢漂流，但母亲则不爱运动。孩子小时候和母亲在一起也并不对体育十分有兴趣，但到孩子长大以后，父亲带着孩子一起进行漂流运动，孩子就爱上了这项运动，并由于自身很有天赋最终被体校录取。

小贴士

大部分父亲平日里工作可能都比较繁忙，自然也就缺少了教育孩子的时间，但这不是父亲没有尽到教育责任的借口。其实，时间是挤出来的，关键看我们怎样利用。比如周六周日，父亲们尽量推掉一些不必要的应酬陪陪孩子。或是在孩子要睡觉的时候讲个小故事，或是给孩子写小纸条，这些都是教育沟通的良好手段。

No.5 不要用大人的标准要求孩子

美国的教育学家珍妮 · 艾里姆曾说过："孩子的身上存在缺点并不可怕，可怕的是作为孩子人生领路人的父母缺乏正确的家教观念和教子方法。"所以，有时家长的错误观念也会导致孩子的教育失败。不可否认，中国家长对孩子要求过高已经成为一大误区。

4 岁的佳佳已经可以画出 10 多种图形了，而且还会用水彩和油墨画画，幼儿园的老师都夸她聪明呢！可一到了妈妈这里，就不过关了。一天放学回来，佳佳高兴地把自己的得意之作拿给妈妈看。

“妈妈！你看这是我在幼儿园画的画。”她高兴得意地展示一张画。“哎呀！你画的是什么！好像鬼画符。一团一团黑黑的好难看！”妈妈不满意地说着。孩子伤心地哭了，说：“我画的这两个黑黑的是两只大象在吃草，因为他们是很好很好的好朋友，他们正在开心地吃着草呀！这很多点点就是草呀！老师都说我画得很棒呢！”

其实也难怪，妈妈对她要求高，每次都希望她画一些高难度的画，还不能出错。真难为孩子了，才小班的孩子，又不是大人，哪能次次都不出错呢？

这真是一个令人心痛、深思又普遍的“镜头”！

几乎所有的家长都对自己的孩子抱有过高的期望，希望他们能像成人一样，把什么事情都做得尽善尽美，没有一点差错。他们期望孩子有天赋、聪明、什么都比别人好，最好还是位神童。他们希望于孩子获得成功，所以送孩子去学弹琴、学书法、学绘画、学戏剧，并施加压力，使之不落后于其他孩子。正是因为家长对孩子期望值过高，才导致对孩子的高标准严要求。也正是这样的严要求让孩子难以承受。

家长们常会忘记一个最显而易见的道理：他们的孩子也是普通人。给孩子幸福，便是让他的天性自然发展。研究表明，若家长给孩子压力太大太早，对孩子要求过高，孩子就会早熟，甚至形成压抑的性格，对孩子身心发展都不利，长期压抑下去，孩子不但不能达到家长理想的状态，严重的能走上不归路。因此，作为爱孩子的家长，不要用大人的标准来要求孩子，应给孩子松一松绑，还孩子一个自由的天空。

那么，家长怎样做才能使我们的孩子变得更好，更有进步？

赏识我们的孩子

每一个孩子都有他的长处和优点，作为家长，不能只因为孩子一次没有做好，没有达到家长想要的成绩，就认定自己的孩子不如别人、没有出息。家长应该善于发现他们的优点，发现他们与众不同的地方，要始终相信自己的孩子是优秀的，要把赞美留给自己的孩子，让孩子在你的赞扬声中继续发扬自己的长处。有了家长的赏识孩子才能做得更好。

在错误中发现孩子的优点

每个孩子都免不了会犯这样那样的错误，而孩子正是在不断犯错误、纠正错误的过程中成长起来的。所以说，重要的问题不在于孩子是否犯错误，而在于家长采取何种态度让孩子认识并纠正错误。善于在孩子的错误中发现优点，用赏识的态度去教育孩子纠正错误，比严肃地批评和打骂更有作用。

小贴士

孩子终究是孩子，我们大人都不能做到尽善尽美，更何况是那么小的孩子。所以，当孩子没有做好时，家长应该有一颗善解之心来体味孩子的错误。我们不应该再次打击孩子没有做好，而是在他的失败中看到他的进步，给孩子自信，不断鼓励孩子，相信孩子。这样他才会走向成熟。